FACULTÉ DE DROIT DE PARIS

DROIT ROMAIN

DU ROLE DES ESCLAVES

ET DES AFFRANCHIS

DANS LE COMMERCE

DROIT FRANÇAIS

DE LA

SITUATION DES OBLIGATAIRES

AU CAS DE FAILLITE OU DE LIQUIDATION JUDICIAIRE

DE LA SOCIÉTÉ

THÈSE POUR LE DOCTORAT

PAR

LOUIS JUGLAR

LICENCIÉ ÈS-LETTRES

LAURÉAT DE LA FACULTÉ DE DROIT DE PARIS

PARIS

LIBRAIRIE NOUVELLE DE DROIT ET DE JURISPRUDENCE

ARTHUR ROUSSEAU, ÉDITEUR

14, RUE SOUFFLOT ET RUE TOULLIER, 13

1894

THÈSE

POUR LE DOCTORAT

La Faculté n'entend donner aucune approbation ni improbation aux opinions émises dans les thèses; ces opinions doivent être considérées comme propres à leurs auteurs.

FACULTÉ DE DROIT DE PARIS

DROIT ROMAIN

DU ROLE DES ESCLAVES
ET DES AFFRANCHIS
DANS LE COMMERCE

DROIT FRANÇAIS

DE LA
SITUATION DES OBLIGATAIRES
AU CAS DE FAILLITE OU DE LIQUIDATION JUDICIAIRE
DE LA SOCIÉTÉ

THÈSE POUR LE DOCTORAT

L'ACTE PUBLIC SUR LES MATIÈRES CI-APRÈS
Sera soutenu le Vendredi 27 Juillet 1894, à 1 heure.

PAR

LOUIS JUGLAR
LICENCIÉ ÈS-LETTRES
LAURÉAT DE LA FACULTÉ DE DROIT DE PARIS

Président : M. BOISTEL,
Suffragants : MM. GÉRARDIN, GARSONNET, THALLER, *professeurs*.

PARIS
LIBRAIRIE NOUVELLE DE DROIT ET DE JURISPRUDENCE
ARTHUR ROUSSEAU, ÉDITEUR
14, RUE SOUFFLOT ET RUE TOULLIER, 13
1894

A MON CHER COUSIN ET PROFESSEUR

M. RATAUD

A MON PÈRE

A MA MÈRE

DROIT ROMAIN

DU ROLE DES ESCLAVES

ET DES AFFRANCHIS

DANS LE COMMERCE

TABLE DES MATIÈRES

DROIT ROMAIN

DU ROLE DES ESCLAVES

ET DES AFFRANCHIS

DANS LE COMMERCE

INTRODUCTION.

Deux choses nous ont frappé dans l'étude de l'histoire romaine : c'est d'abord la place immense que tient le commerce dans toute cette civilisation ; c'est, d'autre part, le peu de place qui lui est fait dans les livres des auteurs latins et le mépris dont il est l'objet.

L'étude du droit nous paraissait devoir combler cette lacune, elle n'a fait que la rendre plus sensible. Nous avons vu tout un corps de doctrine relatif au droit civil ou au droit administratif, mais point de droit commercial. Et cependant, plus nous étudions le droit romain, plus la nécessité d'un droit commercial nous paraissait grande.

Ce formalisme, cette rigueur, ce caractère antiéconomique du droit civil romain, tout semblait indiquer que, si un droit commercial simple, rapide, souple était nécessaire, c'était à Rome. Il n'y a même pas, chose curieuse ! de nom pour désigner le commerce. Ulpien dit bien (Frag., t. 19, § 5) : « *commercium* est emendi vendendique invicem jus », mais cela est relatif aux formes du droit, c'est le sens de l'expression *jus commercii*. Le mot qui traduit le mieux notre mot *commerce*, c'est *negotium*, *negotiatio*, cela ressort des exemples donnés par Labéon et rapportés au Digeste (XXXIII, 65, p.), mais cependant ce mot a un sens beaucoup plus large comme il ressort de son origine *nec otium*, *ne pas être dans l'oisiveté*, il est vrai que nous disons encore volontiers *être dans les affaires*, ce qui signifie *être dans le commerce*.

Comment une nation méprisant le commerce, dénuée de droit commercial, pratiquant un droit anticommercial, a-t-elle pu être si commerçante ? — Tel est le problème dont la solution nous a préoccupé.

Il faut noter tout d'abord qu'à côté du droit civil romain, le droit prétorien tient une place de plus en plus importante ; ce que nous avons dit du droit civil n'est pas aussi vrai du droit prétorien, il est plus souple, plus rapide, plus simple, il le deviendra de plus en plus, c'est chez lui qu'il faut chercher les institutions adaptées au commerce.

Il serait intéressant de relever dans telles ou telles des innovations prétoriennes (1) la part qu'y ont eue

(1) Sans oublier l'édit des édiles.

les nécessités du commerce, on découvrirait par là tout ce que contiennent de *commercial* des dispositions qu'on regarde comme de pur droit civil (1). Ce qui constitue le trompe l'œil, c'est que ces dispositions s'appliquent en matière civile comme en matière commerciale. Est-ce une raison pour leur refuser le caractère commercial? — Rome n'a pas connu cette distinction, un peu factice, du droit civil et du droit commercial ; entre eux, il n'y a pas de frontières définies ; la même institution sert aux civils comme aux commerçants, c'est ce qui a lieu aujourd'hui en Suisse pour la faillite, est-ce à dire que la faillite n'est pas, par son origine, par ses caractères, par sa destination principale, une institution essentiellement commerciale? Ne refusons donc pas ce nom à des institutions qui portent l'empreinte du commerce.

Dresser une liste complète de ces institutions, faire ressortir leurs caractères commerciaux, était un travail trop difficile et trop vaste, nous nous sommes restreint à ce qu'il y avait, pour ainsi dire, de plus commercial dans les institutions prétoriennes, c'est-à-dire à l'étude des actions dites : *adjectitiæ qualitatis*. Cette étude avait le grand avantage de nous faire connaître, avec les principales institutions commerciales, le personnel commerçant lui-même, c'est-à-dire les esclaves et les affranchis.

(1) Dispositions relatives à la *venditio bonorum*, — aux *argentarii*, — à l'action *de eo quod certo loco*.....

Ainsi il y avait réponse à la double question que nous posions au début : quel était le droit commercial ? — C'étaient certaines parties du droit prétorien. Par qui le commerce était-il exercé ? — par les esclaves et les affranchis.

Il importe ici de préciser l'époque où ce rôle des esclaves et des affranchis dans le commerce a commencé, l'époque à laquelle il a décliné. A l'origine de Rome, le commerce n'est presque rien, l'agriculture est tout. A l'époque des guerres puniques, le commerce se développe : de Rome partent des *negotiatores* qui, dans tous les pays, notamment en Gaule, précèdent les légions et nouent les premières relations commerciales, mais il paraît bien que ce sont des hommes libres ou au moins des affranchis.

En même temps que le commerce se développe au dehors, il se développe au dedans : à l'état d'économie naturelle (c'est-à-dire, où la famille se suffit à elle-même grâce aux ateliers domestiques) succède ou plutôt se juxtapose l'état d'économie monétaire, c'est-à-dire reposant sur les échanges. Mais les deux états coexistent à Rome plus que partout ailleurs (car ils coexistent partout dans une plus ou moins large mesure) et c'est ce qui permet aux esclaves de prendre ce rôle commercial dont nous nous proposons de parler. Ces ateliers domestiques composés d'esclaves, destinés autrefois exclusivement à fournir la famille (comprise au sens large, bien entendu) ouvrent une porte ou une fenêtre sur le dehors par où s'écoule le surplus de leurs produits; cette simple percée sur la rue change leur caractère et l'esclave domestique devient un marchand. Ce caractère mixte, à la fois familial et commercial des exploitations s'est conservé en Italie, les grands propriétaires vivent de leurs domaines, mais ont une sorte de boutique (*computisteria*) où quelques-uns de leurs employés *vendent au détail* le surplus des produits.

C'est donc vers la fin des guerres puniques que l'esclave devient commerçant, mais il restait encore domestique par certains côtés. La conquête du monde fit affluer l'argent à Rome, le commerce n'était pas assez développé pour fournir de suite des débouchés à tant de capitaux, les grandes entreprises financières et de travaux publics, conduites par les publicains, attirèrent la fortune de tous les riches Romains, durant toutes les guerres civiles la fureur de la spéculation n'eut d'égale que celle des partis (1).

Avec l'empire, le calme reparut partout, les publicains perdirent de leurs privilèges et de leur importance. C'est alors que se développe ce rôle des esclaves dans le commerce et qu'il atteint son apogée. A Rome, dans les provinces, partout on trouve l'esclave commerçant, faisant valoir l'argent de son maître de mille manières, le plus souvent par le commerce de banque, c'est-à-dire par *le commerce du commerce*, le seul qui

(1) Voir Deloume, *Les manieurs d'argent à Rome*.

ne fût pas dédaigné des Romains. L'esclave remplace ainsi en partie ce qu'avaient été à la fin de la république les grandes sociétés de publicains. Remarquons que cette époque coïncide avec la belle période du droit romain, ce qui nous permet d'avoir sur elle des renseignements précis par les jurisconsultes classiques, en particulier par Scævola qui paraît s'être fait une spécialité des questions relatives aux esclaves et aux affranchis commerçants.

Ce grand rôle des esclaves dure à peu près trois siècles, il paraît à son apogée vers le règne de Claude. Mais, l'esclave commerçant étant presque toujours affranchi et l'affranchi ainsi que ses enfants se livrant presque toujours au commerce, les débouchés diminuent et les affranchis nuisent aux esclaves. Sous Dioclétien a lieu une crise économique terrible dont ses édits de maximum témoignent, elle porte un grand coup au commerce ; tandis que dès le règne d'Alexandre-Sévère, les corporations qui existaient depuis longtemps, s'organisent de plus en plus et inaugurent cette nouvelle ère commerciale qui durera pendant tout le Moyen Age. Enfin le christianisme fait des progrès parmi les classes riches, et, par des mobiles plus relevés, pousse les maîtres à des affranchissements nombreux qui n'ont plus rien de commun avec les affranchissements dont nous aurons à parler, qui n'étaient que la conséquence et la récompense du rôle commercial de l'esclave.

L'orientation commerciale est dès lors changée, le Code Théodosien en témoigne, il n'y est presque pas question de nos esclaves commerçants, tandis qu'il abonde en textes relatifs aux corporations. L'emploi des esclaves dans le commerce se continue cependant toujours, puisque Justinien recueille encore au Digeste un grand nombre de textes qui y sont relatifs.

Mais une grande objection se pose de suite : comment des esclaves, c'est-à-dire des individus sans droits, incapables de s'obliger ni d'obliger, pourront-ils jouer un rôle dans la vie commerciale qui n'est qu'un tissu d'engagements réciproques ? — Au point de vue de la faculté d'obliger, Théophile nous fournit la réponse : c'est la personne du maître qui *personnifie* l'esclave. Au point de vue de la faculté d'obliger, la réponse semble tout entière contenue dans l'examen des actions dites *adjectitiæ qualitatis* : l'esclave, dans de certaines conditions, peut obliger son maître ; nous étudierons, dans notre deuxième partie, ces actions, mais nous verrons bien vite qu'elles ne suffisent pas à assurer le crédit de l'esclave ni la confiance de celui qui traite avec lui, il reste un aléa dont le commerce ne peut s'accommoder. De plus l'esclave commerçant, par la force même des choses, aura avec son maître des rapports dont la loi ne paraît pas s'occuper, le maître, de toute nécessité, devra l'intéresser à l'affaire d'une manière ou d'une autre. —

A tous ces désidérata les commentaires ordinaires ne donnent pas de réponse ; en s'y tenant rigoureusement, la possibilité même pour l'esclave de jouer un rôle important dans le commerce ne peut être entrevue, — et cependant ce rôle les esclaves l'ont joué.

De même que ces êtres, nous allions dire ces choses, dépourvus de droits, étaient devenus de véritables instruments juridiques, de même ils allaient devenir, chez une nation qui faisait profession de mépriser le commerce, de véritables agents de commerce. Le maître s'efface derrière eux, ils agissent pour lui, ou mieux ils sont un autre lui-même agissant, ils encourent la honte attachée au commerce, tandis que le maître, invisible derrière eux, recueille le profit. Ils sont avec et à côté des publicains et des grands banquiers, les véritables « manieurs d'argent ». Toutefois les esclaves ne se trouvèrent pas longtemps si mêlés aux affaires et si près de la richesse sans en retirer eux-mêmes quelque profit et sans acquérir un certain degré de personnalité et d'indépendance que la rigueur des lois primitives semblait leur refuser.

Le Digeste l'atteste à chaque page ; il en est bien peu, dans ce gros livre, où l'on ne voie un esclave faisant valoir des fonds ou rendant des comptes : le *calendarium* (1), les *volumina rationum*, voilà les mots qu'on

(1) Carnet où sont marquées les diverses échéances des créan-

trouve presque toujours accolés au nom de l'esclave. Le droit se façonna, se modela sur cette situation qui devint si fréquente ; mais, nous l'avons dit, ce qu'il créa était insuffisant. Ce qu'il faut bien noter, ce que nous nous appliquerons à montrer, c'est qu'il y avait, à côté des rapports de droit, des rapports de fait observés en pratique, soit entre le maître et son esclave, soit entre l'esclave et les tiers. Ces rapports étaient encore des rapports de droit, si l'on veut, puisqu'on les décorait quelquefois du nom d'obligations naturelles, mais ils n'étaient pas munis d'actions ; ils ne pouvaient l'être à l'époque de la procédure formulaire, puisque l'esclave ne pouvait ester en justice, ils ne le furent pas davantage à l'époque de la procédure extraordinaire. Mais ici, comme ailleurs et peut-être davantage, ce que les lois ne faisaient pas, les mœurs le suppléaient. Dans le monde des affaires, il y a une certaine honnêteté dont on ne peut se départir sans en être la première victime, les Romains le comprirent ; c'est ce qui explique comment, avec un système législatif qui semblait d'abord défavorable, qui fut ensuite adapté au commerce, mais qui resta toujours incomplet, les Romains surent faire de leurs esclaves de merveilleux instruments de commerce, ce qui est peut-être une des plus grandes originalités de leur histoire.

ces, correspondant à peu près à ce que nous appelons le *portefeuille* d'un banquier.

Nous nous proposons d'insister surtout sur le côté économique du sujet, mais en nous servant presque uniquement des textes juridiques. Il y a plusieurs manières de se servir de ce gros volume du *corpus juris* : on peut y chercher des règles de droit encore applicables, ou tout au moins une formation pour l'esprit juridique ; on peut y chercher un tableau de la législation antique et la reconstituer dans ses diverses époques ; on peut enfin y chercher des indications sur la société romaine qui, à tant de points de vue, surtout au point de vue économique, est si mal connue, parce que les textes littéraires sont presque tous muets. C'est, avant tout, de cette dernière manière que nous avons compris cette étude : nous avons demandé au Digeste des indications sur l'état économique, il ne nous les a pas totalement refusées ; tout en étant beaucoup plus laconique que nous ne l'eussions souhaité, il l'a été pourtant beaucoup moins que les auteurs littéraires. Ne nous servant presqu'exclusivement que du Digeste, on ne saurait nous reprocher de faire un travail étranger au droit, nous le côtoyons à chaque pas, les textes des jurisconsultes sont nos seuls guides. On nous pardonnera sans doute de ne pas être descendu dans le détail de toutes les controverses discutées dans les textes que nous citons, beaucoup de ces controverses reposent sur des minuties et toutes sont absolument mortes, puisque l'esclavage n'existe plus. Les textes que nous citons ne vivent plus que par les données économiques qu'ils renferment, quelquefois même incidemment, c'est par là qu'ils intéressent encore notre époque où, sous d'autres formes, les mêmes questions s'agitent. On nous excusera aussi de négliger les pures questions d'érudition relatives aux formules des actions dont nous aurons à parler; les livres, les brochures, les articles, les thèses et surtout les ouvrages allemands sont déjà assez abondants sur ces matières pour que nous ne cherchions pas à y ajouter. Sans doute il est beau de reconstituer les termes exacts de la formule délivrée par le préteur aux plaideurs, mais il n'est pas moins intéressant de savoir par quels procédés, par quels détours un peuple qui faisait profession de mépriser le commerce, qui n'avait pas à proprement parler de droit commercial, couvrait le monde par son commerce, si bien qu'on peut dire que Rome a conquis trois fois le monde : par son commerce, par ses armes, par sa civilisation.

PREMIÈRE PARTIE

RAPPORTS DU MAITRE AVEC SON ESCLAVE COMMERÇANT.

CHAPITRE PREMIER

AVANTAGES PRÉSENTÉS PAR L'EMPLOI D'ESCLAVES DANS LE COMMERCE.

Nous venons d'essayer de rappeler en quelques traits la grande place que tenait à Rome le commerce et de montrer les institutions qui s'y rattachaient sans former cependant un corps de droit distinct, comme l'est aujourd'hui le droit commercial. Mais il y avait à Rome, dans le commerce même, une institution qui tenait une grande place, nous voulons parler de l'emploi des personnes *alieni juris*. Cette classe de personnes, qui comprenait les fils de famille et les esclaves, a entièrement disparu de notre droit, au moins au point de vue commercial (un mineur qui fait le commerce est émancipé), elle était au contraire, à Rome, un instrument de commerce des plus précieux, un rouage presqu'indispensable, étant données les idées de cette époque et l'organisation de la Cité.

Nous avons dit : les personnes *alieni juris*, et cependant nous ne parlerons guère que des esclaves ; c'est que les règles relatives aux esclaves s'appliquent, nous aurons occasion de le noter et les textes eux-mêmes le disent, presque sans changement aux fils de famille et que l'emploi de ceux-ci devait être beaucoup plus rare, comme on le verra par la suite des développements et par les textes eux-mêmes.

Quels avantages trouvait donc un maître à employer au commerce des esclaves plutôt que des personnes libres ?

L'avantage primordial est celui d'obtenir tous les profits et de n'être exposé à aucune perte, on connaît en effet le principe du droit romain : melior conditio nostra per servos fieri potest, deterior non potest.

Mais cette situation, qui paraît excellente au seul point de vue juridique, est détestable au point de vue économique, elle enlève à l'esclave tout crédit et paralyse ses opérations. Permettre aux tiers avec qui l'esclave avait traité pour son commerce d'atteindre le maître lui-même, c'était donc agir dans l'intérêt même de ce maître ; c'est ce que fit le préteur par l'introduction des actions dites *adjectitiæ qualitatis* que nous étudierons dans la deuxième partie.

De grands avantages subsistaient néanmoins qui poussaient à l'emploi des esclaves.

On sait à quel développement prodigieux atteignit la fortune des particuliers vers la fin de la république et sous l'empire, la conquête du monde, les entreprises des publicains en furent les causes et la preuve. Le nombre des esclaves était considérable, comment employer tant de richesses, tant de bras et tant d'intelligences? Qu'on se rappelle, d'autre part, le préjugé, la défense pour les hommes libres de se livrer au commerce. Un moyen très simple se présentait à l'esprit : employer une partie de ces richesses à faire valoir l'autre, c'est-à-dire employer les esclaves à faire valoir les choses : argent ou marchandises. Deux combinaisons ici étaient possibles pour le maître :

1° Préposer un esclave à un commerce ou mieux à une entreprise, *negotiationi*, disent les textes, nous préciserons plus tard ces expressions.

2° Lui confier une partie de ses richesses à gérer, à faire fructifier et limiter ses pertes à cette partie qu'on lui confiait; en un mot, jouer vis-à-vis de son esclave le rôle d'un bailleur de fonds, d'un commanditaire.

On comprend les avantages de pareilles combinaisons : le maître touche tous les bénéfices d'un commerçant et n'en a point la qualité, il suit la carrière des honneurs : préteur, consul, sénateur ; enfin, il limite ses pertes, sans limiter ses gains.

Ajoutons que les Romains, s'ils avaient l'esprit tourné vers l'utile et vers le gain, ne possédaient pas ce qu'on appelle proprement le génie commercial (leur droit même en est une preuve), ils avaient donc grand avantage à employer des esclaves, le plus souvent de nationalité étrangère, provenant de captifs carthaginois ou grecs. Ceux-ci avaient plus de souplesse, plus de finesse, savaient les langues étrangères, pouvaient nouer plus facilement des relations avec leurs anciens compatriotes ou attirer les clients étrangers dans les boutiques de Rome, en parlant leur langue. Enfin les esclaves n'étaient pas astreints au service militaire, ce qui leur permettait un travail continu, avantage des plus précieux qui faisait encore rechercher par les industries de nos frontières les individus sans nationalité avant les dernières lois.

On s'étonnera peut-être de voir confier aux esclaves des sommes très importantes, de voir ces hommes, qu'on ne considère pas d'habitude comme d'une moralité à toute épreuve, occuper en somme les postes de confiance, tels que ceux de caissier (*arcarius*), gérant (*dispensator, actor*), qu'on hésite encore aujourd'hui à confier à des employés. Comment l'esclave ne se sauve-t-il pas avec la caisse ? — C'est ici qu'apparaît le plus grand avantage que présentait l'emploi d'esclaves sur celui d'hommes libres : l'esclave a comme perspective la liberté, la moindre infidélité peut l'en priver, et que lui servirait de s'enfuir avec l'argent, emportât-il des millions, il ne serait toujours qu'un esclave fugitif (1), la liberté, qui vaut mieux pour lui que tous les millions, son *maître seul* peut la lui donner en l'affranchissant devant le magistrat, ou dans son testament, ou en lui *permettant* de se faire inscrire sur les registres du cens. On comprend tout le parti qu'on pouvait tirer d'une pareille situation, nous verrons avec quelle ingéniosité les Romains en profitèrent à leur grand avantage et aussi, il faut le noter, au grand avantage de leurs esclaves, les premiers obtenant l'honnêteté par la promesse de la liberté et les seconds conquérant la liberté par l'honnêteté (2).

Aucun de ces avantages, on le voit, n'existe pour les fils de famille, c'est ce qui explique que, sauf des cas qui devaient être assez exceptionnels, on ne les employait pas au commerce. Comment le père aurait-il attaché à son fils cette marque honteuse, quand tout son rêve était de le faire entrer dans la carrière des honneurs. Cette carrière en effet absorbait toutes les activités, les citoyens, relativement peu nombreux,

(1) Servum fugitivum sui furtum facere, et ideo non habere locum nec usucapionem, nec longi temporis præscriptionem, manifestum est (C. VI, 1, 1).

(2) Notons encore que l'esclave était une précieuse et dernière ressource pour le maître qui s'était ruiné par le commerce ou autrement ; le maître instituait héritier *nécessaire* un de ses esclaves qui supportait le poids et la honte de la faillite : les biens étaient vendus sous son nom, la mémoire du maître était indemne. Si l'esclave institué était celui-là même qui avait été préposé à l'affaire ruineuse, cela s'explique, mais en était-il toujours ainsi ?

étaient tous utiles pour l'administration du monde ; c'était leur seule profession :

Tu regere imperio populos, Romane, memento ;

HÆ TIBI ERUNT ARTES...

La classe riche, à Rome, était relativement peu nombreuse, elle faisait part de ses richesses à ses esclaves qui, après les avoir gérées, devenaient souvent des affranchis et continuaient, pour leur compte exclusif, le commerce qu'ils faisaient autrefois pour le compte de leur maître (et aussi un peu pour le leur, c'est ce que nous essaierons d'établir plus loin). De même que l'on pouvait dire *latifundia perdidere Italiam*, de même les grandes fortunes perdaient Rome et surtout l'emploi des esclaves, *bien plus* encore comme gérants de ces fortunes que par leur concurrence comme *producteurs et travailleurs manuels*. La plèbe en effet manquait de capitaux, et les riches, on le sait, ne lui prêtaient qu'à de très dures conditions ; ils trouvaient en effet moyen, en confiant leur argent à leurs propres esclaves, d'en retirer l'intérêt augmenté d'un bénéfice commercial, c'est-à-dire un profit, un dividende, tandis qu'en le prêtant à des étrangers (*extraneæ personæ*) ils n'en retiraient qu'un intérêt. La plèbe ne pouvait donc lutter contre ces grandes entreprises commanditées par les riches, de là sa misère, son oisiveté, les distributions et les jeux. Ainsi toute une partie du peuple, libre de naissance, se trouvait dans une situation économique bien inférieure à celle des esclaves et des affranchis.

Nous voudrions mettre en relief ce rôle important des esclaves dans le commerce, exposer les rapports juridiques de cet esclave avec son maître, ses rapports avec les tiers. Il y avait là pour les esclaves de très hautes situations qui menaient généralement à l'affranchissement, si le maître était satisfait de la gestion; c'est une classe d'esclaves correspondant à celle de nos entrepreneurs, capitaines de navire, chefs d'industrie ou boutiquiers, qui nous est surtout révélée par les textes juridiques.

Les textes littéraires n'en disent presque rien, tandis qu'ils sont relativement féconds en renseignements sur les esclaves agricoles, qui contrastent singulièrement par leur misère avec les nôtres, ou sur les esclaves domestiques, artistes, pédagogues, gladiateurs, qui forment des classes à part, souvent étudiées au point de vue littéraire et dont il n'y a rien à dire au point de vue juridique.

C'est donc aux textes juridiques eux-mêmes que nous allons d'abord demander de nous donner une idée du commerce romain et de son organisation, nous recourrons ensuite à ces textes pour pénétrer dans le fonctionnement juridique de ce commerce.

Le centre de la matière ce sont les livres XIV et XV au Digeste, on pourrait presque dire qu'ils forment un petit code de commerce maritime et terrestre au milieu de ce vaste recueil de droit civil ou administratif. Hâtons-nous de corriger ce que cette idée pourrait avoir d'excessif, nous l'avons dit, il n'y a pas à Rome de frontières définitives entre le droit civil et le droit commercial; de plus, nous trouvons dans ces livres un titre relatif au sénatus-consulte macédonien qui n'a rien de commercial, et il faut ajouter que les titres: Quod cum eo, De peculio, De in rem verso, Quod jussu, peuvent très bien recevoir leur application en matière non commerciale (1).

Toutes ces réserves étant bien posées, examinons quels sont, d'après ces textes, les individus et les opérations auxquels on applique ce droit particulier, plus souple, plus large et que nous appellerons désormais, pour simplifier, droit commercial.

Ce sont, d'une manière générale, les esclaves ou les affranchis préposés:

Au titre *de institoria actione* (D. XIV, 2), nous trouvons les exemples suivants:

Esclaves préposés: —tabernæ, —cuilibet alii negotiationi, — cuicumque negotio, — tabernæ, locove ad emendum vendendumve *ou* sine loco (*s'il porte à domicile*), — frumento coemendo, — pecuniis fœnerandis, agris colendis, mercaturis, redempturisque faciendis, —merci oleariæ, A relatæ, et mutuis pecuniis accipiendis, — apud mensam pecuniis accipiendis, — pecuniis tantum fœnerandis, — mensæ nummu-

(1) Cependant on les applique *plus volontiers* en matière commerciale (D. XV, 1, 27, p.)

lariæ, — ad pensionem pro taberna exsolvendam, — ad mercium distractionem, — ad emendum.

Sont regardés comme des *préposés* les « circitores, muliones, stabularii ».

Les *fullones, sarcinatores* ont des préposés. On cite encore des esclaves préposés pour acheter ou vendre de l'huile, — pour acheter et vendre des esclaves, des bêtes de somme ou du bétail, — envoyés habituellement par un boulanger dans un lieu donné pour vendre du pain, — envoyés en voyage par un boutiquier pour acheter des marchandises et les lui envoyer.

La loi 91, § 2 (D. XXXII) mentionne : « tabernam purpurariam cum servis institoribus et purpuris, — les lois 13 p. et 15 p. (D. XXXIII, 7) : tabernæ cauponiæ institores.

Gaius (D. XL, 9, 10) signale comme très fréquent le fait d'avoir des esclaves ou des affranchis préposés dans des régions lointaines ; on est exposé ainsi, dit-il, à se méprendre sur l'état de sa fortune : quod FREQUENTER accidit his qui transmaritimas NEGOTIATIONES et aliis regionibus, quam in quibus ipsi morantur, per SERVOS atque LIBERTOS exercent.

Les *actores*, dont nous parlerons plus loin, sont aussi des esclaves préposés.

Enfin il en est de même de la nombreuse classe des capitaines de vaisseaux (*magister navis*), auxquels est consacré le titre *de exercitoria actione* (D. XIV, 1).

Ces exemples suffisent pour montrer que nous

sommes en pleine matière commerciale, sans doute on parle une fois d'un esclave préposé pour toucher les loyers d'une maison (*insularius*), une autre fois d'un esclave *ædificio præpositus*, mais ce ne sont là que des exceptions.

Remarquons la fréquence des mots *acheter* et *vendre*, et surtout l'exclusion du *villicus*, c'est-à-dire du fermier ou intendant d'une exploitation agricole, prononcée par la loi 16 (D. XIV, 3), quia villicus propter fructus percipiendos, NON PROPTER QUÆSTUM præponitur. Si le *villicus* était préposé *distrahendis quoque mercibus*, l'action donnée ne serait qu'*exemplo institoriæ*, c'est-à-dire qu'alors même il ne deviendrait pas commerçant.

Il nous semble que toutes ces notions répondent d'une façon remarquable à celles qui servent aujourd'hui de fondement à la distinction du commerçant et du non-commerçant. Sans doute il ne faut pas rechercher ici une précision rigoureuse, mais on sait qu'il existe aujourd'hui même de grandes difficultés à distinguer le commerçant du non-commerçant et que, pour les sociétés, on a dû changer le criterium de la distinction et se référer non plus à leur objet, mais à leur forme (1).

(1) L. du 1er août 1893.

CHAPITRE II

DES DEUX MANIÈRES D'EMPLOYER LES ESCLAVES AU COMMERCE.

Il y avait deux modes d'emploi des esclaves : le premier consistait à les placer comme préposés (institores, magister navis) à la tête d'une entreprise (terrestre ou maritime) toute montée ; le deuxième à leur confier une partie de son patrimoine pour qu'ils le fassent fructifier.

Cette partie confiée s'appelait pécule, mais il faut bien remarquer dès ici que le pécule, dont nous allons parler au cours de cette étude, diffère singulièrement en fait, sinon en droit, de ce misérable pécule que l'esclave amassait péniblement en s'arrachant les bouchées de la bouche (économies sur son viatique) ou grâce à quelques menus profits que le maître lui abandonnait. Il s'agit ici de sommes souvent considérables (la preuve, c'est que dans le pécule se trouvent des esclaves (vicarii), ayant eux-mêmes un pécule et dans ce pécule des esclaves) sommes non pas économisées par l'esclave, mais qui sont une fraction détachée du patrimoine du maître et constituent un véritable capital pouvant servir de base à des entreprises souvent très importantes. Aussi appellerons-nous désormais ces esclaves, faute d'un terme meilleur : *esclaves entrepreneurs* pour les distinguer des précédents : *esclaves préposés*.

Remarquons que ces deux situations diffèrent plus en droit qu'en fait. En effet l'esclave préposé a presque toujours un pécule, il y a à cela plusieurs raisons : d'abord ces esclaves préposés sont les plus intelligents, il serait étrange que le maître ne les gratifiât point de quelque pécule ;- de plus, c'est l'intérêt même du maître : nous verrons que le tiers qui a traité avec un *institor* a contre son maître action pour le tout, mais à condition que cet *institor* ait agi dans les limites de ses pouvoirs ; s'il les a dépassés, l'action du tiers contre le maître cesse ; si l'esclave n'avait pas de pécule, il serait absolument désarmé et n'aurait où se prendre, le montant du pécule est une garantie pour le tiers imprudent ; en effet les lois 11 § 2 (D. XIV, 3) et 29 § 1 et 47, p. (D. XV, 1) montrent que le maître peut aller jusqu'à retirer à un *institor* (dont il est mécontent sans doute) la faculté de traiter avec les tiers et de l'engager par ses contrats, mais ces textes ajoutent que le maître ne peut empêcher l'esclave d'engager le pécule par ces mêmes contrats ; pour arriver à ce résultat, il n'y aurait qu'un moyen extrême, le retrait du pécule.

Etudions maintenant de plus près la situation de

l'esclave préposé : il tient lieu du maître et l'engage *in solidum*, mais seulement quand il agit dans de certaines limites, hors desquelles il n'engage que son pécule, ou rien du tout, s'il n'en a pas, ces limites sont définies parce qu'on appelle la *lex præpositionis. Conditio autem præpositionis servanda est.....* (D. XIV, 3, 11 § 5).

Le maître est ici tenu de tous les engagements pris par son esclave comme un associé en nom collectif ; c'est du maître que les tiers suivent la foi en traitant avec son esclave ou son affranchi ; l'affranchi parmi ses noms porte celui de son patron, c'est la *raison sociale* de cette société qui existe entre eux.

Nous pouvons donc comparer la situation de l'esclave préposé à celle d'un gérant ou d'un administrateur de société. L'esclave préposé ne peut se substituer d'autre personne pour les actes de gestion ou du moins, s'il le fait, les contrats passés par ce substitué avec les tiers n'engageront pas le maître *in solidum* ; n'est-ce pas là une disposition qui a quelqu'analogie avec celle de l'article 22 de la loi de 1867, qui, d'après l'interprétation reçue, défend aux administrateurs de se substituer un mandataire. S'il en est autrement pour l'esclave capitaine de navire qui peut, lui, se substituer un mandataire capable d'obliger le maître *in solidum*, cela tient aux nécessités particulières du commerce maritime.

Le gérant ou l'administrateur n'engage le fonds

social que par les opérations qu'il fait pour et au nom de la société, hors de là, il n'engage que sa fortune personnelle ; ainsi notre esclave n'engage le fonds social, c'est-à-dire le capital de son maître, que s'il agit dans les limites que lui trace cette *lex propositionis* dont nous venons de parler et qui correspond assez bien à la partie de nos statuts de société définissant les pouvoirs des gérants ou administrateurs (elle doit, comme eux, avoir une certaine publicité et les modifications qu'on y apporterait doivent aussi être publiées), hors de là notre esclave n'engage que son pécule, c'est-à-dire sa fortune personnelle.

Ces derniers mots paraîtront sans doute écrits par étourderie, ils nous semblent cependant absolument vrais, ah ! sans doute pas en droit, mais en fait, nous arrivons ainsi à l'examen de la deuxième situation : celle de l'esclave à qui on a confié un pécule.

Relevons d'abord la loi 39 (D. XV, 1) qui dit : *patrimonium servi* ! Voici l'esclave qu'on traitait naguère de chose qui est un *paterfamilias* ! En effet le mot *pater* entre dans la composition du mot *patrimonium*. Tant il est vrai que la force des choses, et même l'intérêt bien entendu, contraignent à revenir aux vraies notions dont on s'était une fois écarté.

Au cas de préposition nous avons vu que la partie des statuts sociaux, pour continuer notre comparaison, qui réglait les pouvoirs d'administration de l'esclave, était la *lex præpositionis*, au cas de constitution de pécule, c'est la concession ou le retrait de la *libera peculii administratio* (1) et la permission expresse ou tacite du maître laissée à son esclave d'employer tout ou partie de ce pécule à une entreprise commerciale.

Le maître ici n'est plus responsable sur toute sa fortune des engagements pris par l'esclave, il limite ses pertes au montant du pécule concédé, il joue donc par rapport à son esclave le rôle d'un commanditaire. Quant aux gains faits par l'esclave, ils entrent dans le pécule et le grossissent, mais à qui reviennent-ils en dernière analyse ?

(1) Facti est quæstio, quousque eis permissum videatur peculium administrare (D. XX, 3, 1, § 1).

CHAPITRE III

RÉPARTITION DES BÉNÉFICES ENTRE LE MAITRE ET L'ESCLAVE.

La question de savoir comment se répartissaient les bénéfices entre le maître et l'esclave est la plus intéressante et la moins connue. Le pécule nous paraît avoir été l'instrument de cette répartition ; en droit il appartient au maître, en fait à l'esclave ; en somme il n'est ni à l'un ni à l'autre ; il est destiné à se partager entre eux.

C'est cette idée que nous allons nous efforcer de dégager des nombreux textes relatifs aux esclaves commerçants et à leur affranchissement. Remarquons qu'à ce point de vue il n'est pas très utile de distinguer entre l'esclave entrepreneur et l'esclave préposé, puisque l'un et l'autre ont un pécule.

Rappelons d'abord la situation respective du maître et de l'esclave par rapport au pécule. D'après la théorie juridique pure, tout ce que l'esclave gagne avec le pécule augmente le pécule, mais le pécule *reste la propriété du maître* et celui-ci peut le reprendre à tout instant, — avec une pareille instabilité quel intérêt aura l'esclave à bien gérer le pécule et à le faire fructifier ?

Mais il y a une autre combinaison : le maître affranchira l'esclave et lui laissera le pécule, — ici on comprend l'intérêt de l'esclave à gérer avec soin ces biens qui deviendront siens, mais l'intérêt du maître quel est-il? — Voilà en vérité un maître bien généreux qui se dessaisit d'une partie de sa fortune au profit d'un esclave qu'il affranchit !

Il faut convenir que les solutions données par les principes connus du droit sont inadmissibles. Ah, sans doute ils répondent bien à la réalité pour ces petits pécules provenant : partie d'économie de l'esclave, partie de gratifications du maître et qui servent à l'esclave à acheter sa liberté :

Nec spes libertatis erat, nec cura peculi.

Mais ici il s'agit de pécules considérables, souvent énormes, et qui dépassent de beaucoup le prix de la liberté. Il devait donc y avoir des combinaisons rectificatives de ce que les principes juridiques avaient de trop absolu.

Lisons les textes et nous verrons qu'à coup sûr les mœurs corrigeaient beaucoup les lois sur tous ces points.

Il faut en revenir encore à l'idée de société, la loi 1 §§ 1 et 2 (D. XXXVIII, 2), nous parle d'une société entre patron et affranchi. Cette société existait à l'état latent entre maître et esclave, car elle ne pouvait exister juridiquement.

Dans toute société le partage des bénéfices ne doit

se faire normalement qu'à la dissolution (si l'on distribue annuellement des intérêts et des dividendes, c'est une licence reçue *utilitatis causa*). On comprend que cette licence, ce paiement d'acompte n'existât point en faveur de l'esclave, le partage des bénéfices ne se faisait qu'au terme de la société, or ce terme c'est l'affranchissement de l'esclave, la date n'en est pas fixée d'avance, elle dépend de la plus ou moins bonne gestion, des circonstances de fait, le plus souvent elle a lieu par le testament du maître.

C'est donc aux textes relatifs aux affranchissements qu'il faut nous reporter ; en effet, l'esclave employé aux fonctions commerciales est destiné à être affranchi (cette perspective est la garantie de son honnêteté et le stimulant de son travail) ; s'il ne l'est pas, c'est que le maître est mécontent de sa gestion et dès lors on comprend qu'il n'ait aucun bénéfice.

Les nombreux textes relatifs aux affranchissements nous montrent presque toujours l'esclave recevant le pécule avec la liberté, mais beaucoup nous donnent un indice précieux sur lequel nous devons insister : l'esclave affranchi recevra son pécule, mais moyennant une certaine somme qu'il paiera, par exemple, à l'héritier de son maître. Cette combinaison devait, sous une forme ou sous une autre, être fréquente et corriger ce que l'abandon de la totalité du pécule à l'esclave aurait eu d'excessif.

Ainsi l'affranchi n'est pas jeté sur le pavé sans capital (1) (comme le sont trop souvent les libérés de prison), cette position eut été un vrai danger pour la cité, il a un capital plus ou moins considérable qui lui permet de s'établir ou de continuer pour son propre compte l'entreprise qu'il gérait naguère pour le compte de son patron. Les textes nous montrent des affranchis exploitant des fonds de commerce dans le voisinage de leur patron. Ainsi s'augmentait leur avoir primitif, mais l'ancien maître n'a pas perdu tout droit sur ce capital et sur ses fruits, son droit reparait à la mort de l'affranchi.

A la mort de l'affranchi, le patron reprendra une part dans la succession de celui-ci. Cette succession n'est autre chose que le pécule primitif augmenté de ce qui en provient par le fait du travail de l'affranchi, car ce dernier ne peut guère avoir de biens provenant d'une autre source, puisque, étant sans parents, il n'a pu hériter de personne (faisons une réserve pour ce qu'il aurait reçu par testament, donation). Ainsi on peut dire avec quelqu'exactitude que c'est le fonds social (pécule augmenté de ce qu'on lui a fait produire) qui est partagé par parties à peu près égales entre

(1) A ceux qui n'ont pas de pécule ou n'ont pas un pécule suffisant, le patron sert, durant sa vie, une pension et leur lègue, à sa mort, une maison, un champ, un usufruit, une pension alimentaire, le Digeste pullule de textes. Pour abréger, citons par pages (Digeste de Freiesleben) les plus saillants : 992, l. 93, § 2. — 998, l. 18, p. et 21, p. — 999, l. 21, § 1. — 1004, l. 32, p. — 1005, l. 34 et 36, p. — 1024, l. 27, § 3. — 1033, l. 3 et 4, p. — 1083, l. 81, p. et 82. — 1087, l. 108.....

l'affranchi et le patron, puisque la part du patron dans la succession de son affranchi sera, dans la majorité des cas, de moitié.

On voit combien est complexe et délicat le règlement de ce que nous avons appelé une société entre le maître et l'esclave; ce règlement se fait en deux actes : lors de l'affranchissement, lors de la mort de l'affranchi ; jusqu'à l'affranchissement tout dépend du maître, par suite tout pousse l'esclave à le satisfaire; une fois l'affranchissement tout dépend de l'affranchi, mais on peut compter sur sa diligence, puisque la plus grande partie du bénéfice lui restera propre.

C'est ainsi, pensons-nous, qu'était réalisée à Rome, l'alliance du capital et du travail (au moins du travail de direction de l'entreprise), nous n'en voulons pour preuve que le peu de développement des sociétés proprement dites en droit romain, les grandes sociétés vectigaliennes de publicains, dont nous avons dit un mot dans l'introduction, étaient des sociétés financières ou des entreprises de travaux publics, mais elles n'étaient pas proprement des sociétés commerciales ou industrielles ; elles ne jouaient même pas, dans le commerce, le rôle si important de nos banques à cause du moindre développement de la circulation fiduciaire. C'est donc dans le rôle des esclaves qu'il faut chercher le pendant de nos sociétés commerciales et comme leur équivalent.

Ce ne sont là que des idées générales qu'il faut maintenant prouver par des textes et un aperçu d'ensemble qu'il faut justifier dans le détail.

Reddition de comptes.

Pour bien connaître la situation des esclaves, il faut donc étudier celle des affranchis et surtout deux moments particulièrement importants : celui de l'affranchissement et celui de la mort de l'affranchi. C'est au Digeste qu'il faut avant tout nous reporter, aux titres relatifs à ces deux moments, nous y trouvons, à côté d'espèces sans doute chimériques, un nombre incroyable d'espèces véritables qui se sont présentées dans la pratique (1), la preuve en est dans l'énoncé même de l'espèce où les paroles du testateur sont rapportées en toutes lettres, souvent même dans la langue originale, en grec. Ici pas d'interpolations à redouter, c'est un véritable Dalloz annoté par les jurisconsultes qui donnent sur chaque cas leur avis ou critiquent la décision rendue.

La condition même de l'affranchissement est une reddition de comptes : voilà un moyen dont nous ne disposons plus pour empêcher les commis infidèles de se sauver avec la caisse : la liberté est suspendue jusqu'à ce que le dernier *as* soit payé, le moyen de-

(1) Les textes du jurisconsulte Scævola sont les plus fertiles en renseignements de ce genre.

vait être efficace, nous l'avons signalé en parlant des avantages que pouvait présenter l'emploi d'esclaves dans des entreprises commerciales. Voici quelques exemples d'affranchissements testamentaires relevés entre beaucoup d'autres: « Stichus, si rationes diligenter tractasse videbitur, liber esto » (D. XL, 4, 8). — « Pamphilus, si bene se gesserit rationibus meis, liber esto » (D. XL, 5, 18). — « Stichus et Damas servi mei, si rationes reddideritis, liberi estote » (D. XL, 5, 41, § 11). — Rationibus redditis liber esse jussus, trouvons-nous au titre De statuliberis (D. XL, 7, 6, 7). Un testateur avait cherché une forme plus énergique encore : « Onesiphore, nisi diligenter rationem excusseris, liber ne esto » (D. XL, 4, 59, § 2). Souvent c'est à son fils que le testateur veut que les comptes soient rendus : « Pamphilus liber esto, ita ut filiis meis rationem reddat » (D. XL, 4, 17, § 2). Si le fils était encore trop jeune et sans expérience le testateur retardait l'époque de la reddition des comptes, et par suite celle de la liberté, jusqu'à l'âge (en général 16 ans) où le fils serait en état de les contrôler lui-même et de pourvoir à la gestion à laquelle l'esclave était préposé. « Cupitum servum meum, cum Marcianus filius meus sedecim annos impleverit, rationibus redditis liberum esse volo » (D. XL, 5, 41, § 10). — « Ab heredibus meis peto, fideique eorum committo, cum filius meus sedecim annos impleverit, Stichum, rationibus redditis, manumittant » (D.

XL, 5, 41, § 13). Une raison analogue avait dû dicter cet autre testament : « Spendophorus, cum filia mea in familia nupserit, si rationes idoneæ filiæ meæ administratas reddiderit, liber esto » (D. XL, 5, 41, § 16).

Cette reddition de comptes, mentionnée par tant de textes, prouve surabondamment qu'un grand nombre d'esclaves gérait des affaires, mais il ne faut pas perdre de vue notre sujet particulier : ces affaires étaient-elles de nature commerciale? — Ecartons de suite les textes qui nous parlent de l'esclave *dispensator*, sorte d'intendant chargé des dépenses de la maison, de l'esclave colon chargé de percevoir les revenus d'une métairie. « Galenus, dispensator meus, si rationes diligenter tractasse videbitur, liber esto », dit un testateur (D. XL, 7, 21, p.). Un autre s'explique avec plus de détails, nous y relevons encore un exemple de la liberté différée pour ne pas créer d'embarras à son fils durant sa jeunesse (le fils avait 9 ans, quand le père faisait son testament) : « December dispensator meus, Severus villicus et Victorina villica, Severi contubernalis, in annos octo liberi sunto (le fils aurait alors 17 ans) (1) : quos in ministerio filii mei esse volo : a te autem Severe, fili carissime, peto, uti Decembrem et Severum commendatos habeas : quibus præsentem libertatem non dedi, ut idonea ministeria haberes, quos spero te et libertos idoneos habitu-

(1) La suite du texte dit en effet qu'on comptera les 8 ans du jour du testament et non de la mort du testateur.

rum » (D. XL, 5, 41, § 15). Ailleurs il s'agit d'un esclave à qui est confiée la garde de l'argenterie : « Stichum, ratione argenti, quod sub cura ejus esset, reddita, liberum esse jusserat » (D. XL, 4, 22). Les cas sont donc nombreux où il peut y avoir lieu à un règlement de comptes entre l'esclave et le maître, sans que pour cela l'esclave ait fait le commerce ; mais il reste certain que beaucoup de textes visent des cas de prépositions commerciales. Beaucoup le disent ou laissent entendre.

Nous tirons un premier argument de l'importance de ces *volumina rationum* mentionnés par les textes, le maître doit les signer et les approuver : Rationes a domino scriptas (D. XL, 5, 41, § 17). — Propter gravem valetudinem testator non potuerit rationibus subscribere (D. XL, 7, 40, § 3) (1). L'esclave doit les rendre avec le reliquat des comptes : In reliquis accipere debemus ut et ipsa volumina rationum reddantur (D. XL, 4, 13, § 2). — Rationum reddendarum conditio, quod ad reliqua quidem attinet, in danda pecunia consistit ; quod autem ad ipsa volumina rationum tradenda, percontandasque et examinandas rationes, et in dispungendas atque excutiendas, factum habet (D. XL, 7, 6, § 7). Ce sont en somme des livres de comptabilité assez analogues à nos livres de commerce, on comprendrait mal tout

(1) Voir aussi D. XXXIV, 3, 12.

ce que nous en disent les textes, si l'on n'y voyait que de simples livres de comptes domestiques.

Notons, en passant, que les comptes doivent être rendus avec un grand soin, nous avons vu presque toujours le testateur mettre les mots : « ex fide bona, diligenter » : diligentiam desiderare eam debemus, dit le jurisconsulte, quæ domino, non quæ servo fuerit utilis. Erit autem ei diligentiæ conjuncta fides bona, non solum in rationibus ordinandis, sed etiam in reliquo reddendo (D. XL, 7, 21, p.). — Libertate servo sub conditione rationis redditæ testamento data, heres non solum scriptam rationem exigit, verum etiam quæ sine scriptura ab eo administrata est (D. XL, 7, 26 p.) (1). La loi 13, § 2 (D. XL, 4) et la loi 13, § 2 (D. XL, 7) nous prouvent que deux esclaves pouvaient être employés à une même gestion, ceci encore laisse entrevoir une exploitation étendue.

Un autre argument nous est fourni par les textes qui parlent de l'arbitre qui, en cas de contestation, présidera à la reddition des comptes, on s'expliquerait moins bien son intervention, s'il ne s'agissait que de la reddition de comptes de minime importance, d'autant plus que les Romains avaient une comptabilité privée admirablement tenue. Si rationibus redditis liber esse jussus fuerit : arbiter in servum et dominum, id est heredem, datur de rationibus excu-

(1) Voir aussi la loi 82 (D. XXXV, 1).

tiendis (D. XL, 1, 5, § 1). Si un esclave qui « rationes administrasse dicatur » est affranchi par fidéicommis, un rescrit de Marc-Aurèle dit que : «....confestim arbiter a Prætore erit dandus, apud quem rationem, quam administrasse eum apparuit, ex fide reddat » (D. XL, 5, 37). Ne peut-on pas voir là, pour reprendre notre comparaison, comme une sorte de liquidateur de société en dissolution, qui fait à chacun sa part, calcul rendu très délicat par la présence du pécule ?

Nous trouvons une trace plus accusée du caractère commercial de l'opération dont l'esclave doit rendre compte dans la loi 41, § 7 (D. XL, 5) où il est parlé d'un *negotium* administré par l'esclave avec la volonté de son maître, et où il est dit que l'esclave ne sera pas responsable des cas fortuits — in NEGOTIO, quod voluntate domini administrasse proponatur, ea damna, quæ CASU ita accederint, ut servo nihil possit imputari, non pertinere ad reliquorum onus, — et dans la loi 5 p. (D. XL, 7), les jurisconsultes y décident qu'il suffit à l'esclave, pour devenir libre, de donner caution pour le reliquat de comptes qui n'apparaîtra que plus tard et voici le motif qu'ils en donnent : ne multi ad libertatem pervenire non possint, incerta causa rationis, et genere negotii hujusmodi. Ces derniers mots font évidemment allusion à quelqu'entreprise hasardeuse. La loi 41, § 17 (D. XL, 5) est plus explicite encore, l'esclave qui doit rendre ses comptes est un caissier qui a fait valoir l'argent au moyen de prêts : Stichus arcarius, probante domino, nomina fecit.

Mais l'expression qui revient le plus souvent est celle de *servus actor*, *rationem actus*. « Si rationem actus sui ex fide dedisset », dit la loi 53 (D. XL, 4). « Stichus, servus meus actor, si rationem omnem actus sui heredi meo reddiderit, eoque nomine satisfecerit, liber esto », dit la loi 40, § 3 (D. XL, 7). Dans la loi 19 p. (D. XL, 5) c'est une femme qui donne la liberté « Sticho actori mariti ». La loi 41, § 4 (D. XL, 5) nous rapporte le testament grec d'un frère qui instituait sa sœur héritière : « Volo, et a te peto, soror suavissima, ut Stichum et Damam actores meos (τοὺς πραγματευτάς μου, porte le grec) quos ego, quoad rationes retulerint, non manumisi, tibi esse commendatissimos ». Ailleurs nous voyons un testateur qui possède un grand nombre d'*actores* léguer les uns, affranchir les autres, ceci porterait à croire que, sous le même nom d'*actus*, on comprenait des fonctions diverses ou des fonctions très importantes occupant beaucoup d'hommes : Titius testamento servos actores singulos diversis personis legavit, cum adjectione, « si rationes heredi reddiderint » : deinde proprio capite ita scripsit : « omnes actores, quos legavi, vel manumisero, intra quartum mensem mortis meæ rationes reddere volo, et dominis quibus a me legati sint, reddi » : infra deinde alios actores liberos esse jussit æque cum hac adjectione, « si rationes heredi reddiderint » (D. XL, 7, 40, § 7). La loi 40, § 8 (D. XL, 7) donne quelques détails sur la nature de l'*actus* et le rôle des *actores* ; il s'agit d'un homme dont presque toute la fortune consiste en créances que des esclaves sont chargés de toucher : Argentarius coactor, cum pene totam fortunam in nominibus haberet, servis actoribus libertatem ita dedit : « Quisquis mihi heres erit, si Dama servus meus actus sui, qui agitur nomine ejus et Pamphili conservi sui, heredi meo rationes reddiderit, pariaque fecerit a die mortis meæ, intra mensem sextum : liber estor ».

Nous ne voulons pas multiplier ces citations, mais voici la situation, fort complexe du reste, que nous paraissent viser la plupart de ces textes et l'impression qui s'en dégage : toute grande famille a un esclave qui est en fait le gérant de sa fortune et son homme d'affaires, nous allions presque dire son notaire et son banquier (1), cet esclave est généralement appelé *actor* ; il recueille les revenus de la famille au

(1) Il ne faut donc pas trop s'étonner de voir les affranchis être les véritables ministres des empereurs, notamment sous Claude, précisément à l'époque où la préposition était le plus en usage ; les empereurs — qui à beaucoup d'égards restaient de simples particuliers — géraient la fortune de l'Etat comme les riches particuliers du temps géraient la leur ; ils avaient entre autres un affranchi *a rationibus*, qui était directeur des finances, de la monnaie, des travaux publics, intendant des armées. — On voit par là combien la compréhension du mot *rationes* était large.

moyen d'autres esclaves chargés des recouvrements (*coactores*, *exactores*, *adjutores*, *collectarii*) ; ces revenus proviennent de sources très variées : en première ligne des propriétés foncières rurales, ce sont les fermages ; des maisons urbaines louées, ce sont les loyers ; ils peuvent aussi provenir des parts dans les sociétés de publicains, ce sont les actions. Une fois que l'esclave a touché tous ces revenus, qu'en fait-il ? Une première partie est affectée aux différents services de la maison, elle est confiée aux *dispensatores* ; une autre partie sert aux réparations, à l'entretien des propriétés ; mais tout le surplus reste aux mains de l'esclave *actor*, c'est lui qui avec cet argent va agir, en tirer parti, le faire valoir et comment cela ? — Par le commerce de banque, au moyen de prêts à intérêt, c'est là le placement usuel, puisqu'on n'avait pas les mêmes facilités qu'aujourd'hui pour acheter des valeurs de bourse (1). Chaque maison devient ainsi une petite banque, chaque citoyen romain, par l'intermédiaire de son esclave, un petit banquier et la ville de Rome, avec ses *argentarii* de profession, comme la banque centrale du monde. Tout l'argent

(1) Dans l'Evangile, nous voyons un maître confier sa fortune, par parties, à ses esclaves, « *unicuique secundum propriam virtutem* » ceux-ci, doivent la faire valoir, en particulier par des opérations de banque : « *oportuit te committere pecuniam meam nummulariis*, » enfin il leur fait rendre leurs comptes : « *posuit rationem cum eis* » et les récompense. Ce sont de véritables *actores*. (St Matthieu, ch. XXV, 14.)

y afflue des provinces ou des domaines de l'Italie, — tout l'argent en repart pour se répandre dans le monde entier, sous la forme de prêts au commerce, à l'industrie ou à l'agriculture. Pour terminer citons encore la loi 40, § 4 et 5 (D. XL, 7) qui confirme absolument cette manière de voir : elle nous montre un *servus actor* qui doit rendre compte des sommes recouvrées par lui et par ceux qui sont sous ses ordres, il s'agit entre autres d'argent placé à intérêt (*calendario illata*), il doit compte aussi des loyers ou fermages (*pensiones*) des fermiers (*conductores prædiorum, villici*), le texte ajoute qu'il peut ne pas exiger le paiement immédiat de ces fermages et les laisser à ces derniers à titre d'avance (*promutuum*). Dans un contrat de société formé entre deux citoyens, c'est le *servus actor* de l'un qui fait l'apport (1).

Don du pécule.

Voilà donc notre esclave, naguère préposé à une grande entreprise, qui a rendu ses comptes et est devenu libre, mais son deuxième état va être pire que le premier : il est sans position et sans ressources. Aussi tel ne devait pas être le cas habituel : les textes

(1) *Textes de droit romain* de M. Girard, p. 729. Dans les quittances de Pompéi interviennent aussi des esclaves (id., p. 733 nº 3, p. 734 nºs 6 et 7).

sont innombrables qui nous parlent du don du pécule, et souvent d'autres biens, accompagnant celui de la liberté. Il nous faut renoncer à les citer, choisissons-en seulement quelques-uns où le rôle commercial de l'esclave et du futur affranchi apparaissent davantage : ACTORI suo Antiocho data libertate, prædia certa et PECULIUM ET RELIQUA relegaverat, tam sua, quam colonorum (D. XXXII, 97, p.). — Tabernam cum cænaculo Pardulæ manumisso testamento legaverat cum MERCIBUS et instrumentis et supellectili, quæ ibi esset : item horreum vinarium cum vino, et vasis, et instrumento, et INSTITORIBUS, quos secum habere consueverat (D. XXXIII, 7, 7, p.). — Ad eum quem manumiserat, epistolam misit in haec verba : « Titius Sticho liberto suo salutem. Cum te manumiserim, PECULIUM quoque tuum omne, quidquid habes, tam in NOMINIBUS, quam in rebus moventibus, sive in NUMERATO, me tibi CONCEDERE, hac epistola manu mea scripta notum tibi facio » (D. XXXIX, 5, 35, p.) (1).

La plupart des textes, cités à propos de la reddition de comptes, visent des cas de préposition, ce que l'esclave fait, il le fait avec de l'argent qui n'est pas à lui (nous entendons par là : qui n'est pas son pécule), c'est avec le capital du maître qu'il agit, mais cela ne l'empêche pas d'avoir un pécule, nous avons montré plus haut qu'il devait même en être ainsi et

(1) Voir aussi D. XXXI, 88, § 3.

nous avons ajouté que, pour diverses raisons, ce pécule devait avoir quelques rapports avec l'importance de la gestion confiée à l'esclave. Enfin des textes relatifs à la reddition de comptes nous font entrevoir qu'il y avait *en fait*, sinon en droit, une certaine confusion entre les valeurs confiées à l'esclave à titre de pécule et les valeurs gérées par lui comme préposé. L'esclave paraît n'avoir eu souvent qu'une caisse dans laquelle il versait l'argent provenant de son pécule et celui provenant de sa gestion pour son maître, et de laquelle il puisait l'argent tant pour les affaires de son maître que pour les siennes propres. La loi 23, § 1 (D. XXXIII, 8), nous rapporte un testament relatif à un esclave « préposé aux coffres-forts » (il faisait sans doute un commerce de banque) son maître lui donne, outre une somme d'argent, son pécule et ce qu'il détient à l'occasion de sa gestion ; certaines valeurs étrangères au pécule restaient donc entre les mains de l'esclave : « Stichum servum meum liberum esse volo, eique volo dari decem aureos, et QUIDQUID EX RATIONE LOCULORUM MEORUM HABET : rationes autem heredibus meis dari volo : his omnibus, quos hoc testamento manumisi, peculia sua concedi volo ». La suite du texte prouve que, de son côté, l'esclave prenait dans son pécule certaines sommes nécessaires pour la gestion de son maître : Quæsitum est, an quod amplius RATIONI LOCULORUM in diem mortis EROGAVIT STICHUS EX PECULIO SUO, ab heredibus recipere debeat : cum ex consuetudine domus esset, ut quidquid amplius EX SUO IN RATIONE LOCULORUM erogasset, dominica ratio ei deberet, atque exsolveret. Le jurisconsulte décide que l'esclave devra être remboursé de ses avances eu égard aux circonstances de la cause, mais un rescrit de Sévère et d'Antonin, visant un cas analogue, décide le contraire : « Cum peculium servo legatur, non etiam id conceditur, ut petitionem habeat pecuniæ, quam se IN RATIONEM DOMINI IMPENDISSE dicit » (D. XXXIII, 8, 6, § 4). L'esclave dépensait donc quelquefois l'argent de son pécule pour son maître, c'était une avance qu'il faisait à l'affaire à laquelle il était préposé et dont il s'indemnisait probablement sur les bénéfices ou dont son maître le remboursait sans doute à des échéances fixes, comme dans l'exemple précédent. Souvent aussi l'esclave gardait entre les mains certaines valeurs provenant de sa gestion, mais, lors de l'affranchissement, il devait les rendre : Corpora plane rationum, et si QUAS RES VEL PECUNIAS EX HIS DETINET cogendus est per Prætorem restituere (D. XL, 5, 37). Un testateur avait écrit : « Quotquot reliqui liberos, atque eis legata, eos ipsos INEXCUSSOS esse volo », et le jurisconsulte se demandait : An reliqua rationum, quasi legata *retinere* possint ? (D. XXXIII, 8, 23, §§ 2 et 3). Un autre avait ordonné à l'esclave de rendre son pécule et le jurisconsulte se demandait : An, si EX RELIQUIS IN PECULIUM ALIQUID CONVERTERIT (servus), deduci hoc ex peculio reddendo debeat? (D. XL, 5, 41, § 9). Dans tous ces cas l'esclave doit rendre tout ce qui provient de la gestion qu'il a faite pour le compte de son maître, mais ces textes n'en prouvent pas moins qu'il y avait une confusion sinon définitive, du moins passagère, entre ces valeurs et le pécule de l'esclave. Cette confusion, qui existait dans la caisse, n'existait pas sur les livres, la reddition de comptes y mettait fin, elle avait justement pour but de faire le départ entre ce qui appartenait au maître et ce qui était le pécule de l'esclave : ce qui appartenait au maître retournant au maître ou à ses héritiers, le pécule, dans la grande majorité des cas, demeurant définitivement à l'esclave en fait et en droit.

En parlant maintenant de l'abandon du pécule à l'esclave, nous ne distinguerons donc plus si le pécule abandonné est le capital même avec lequel l'esclave fait le commerce (cas où l'esclave est entrepreneur), ou si c'est un capital distinct de celui avec lequel l'esclave fait le commerce (cas où l'esclave est préposé). Dans les deux cas il s'agit d'un pécule souvent très considérable et *se rattachant étroitement à l'entreprise commerciale* conduite par l'esclave, que ce pécule à lui seul en forme le capital même ou qu'il n'en soit que la garantie et la conséquence. Dans les deux cas en effet c'est le rôle commercial joué par l'esclave qui a amené le maître à lui concéder un capital si considérable dont il lui fait don au jour de l'affranchissement.

Mais la balance qui penchait tout à l'heure du côté du maître auquel il fallait rendre compte de tout et payer jusqu'au dernier *as*, penche maintenant du côté de l'affranchi à qui le maître donne avec la liberté un capital important. C'est ici qu'apparaît une nouvelle combinaison : l'esclave devra payer au maître ou à son héritier une certaine somme : « Stichus servus meus, jubeo, ut det, præstet filiæ et uxori meæ, heredibus meis, sine ulla controversia tot aureos ; et ut ipsum manumittant, fidei eorum committo » (D. XL, 5, 41, § 14). Le paiement de cette somme devra, comme la reddition de comptes et pour la même raison, *précéder* l'acquisition de la liberté, c'est donc une deuxième condition à remplir avant l'affranchissement. En fait, il n'en sera pas toujours ainsi, car les textes montrent qu'il suffira souvent à l'esclave de donner caution de payer pour acquérir de suite la liberté, un rescrit de Marc-Aurèle nous indique du reste dans quel esprit on interprétait ces conditions : « neque humanum fuerit, dit-il, ob rei pecuniariæ quæstionem, libertati moram fieri » (D. XL, 5, 37).

L'équilibre est ainsi un peu rétabli, nous ne pensons pas qu'ici la somme payée par l'esclave représente proprement le prix de la liberté, sans doute il en était souvent autrement, les textes ne manquent pas pour le prouver, et *tout* le pécule même y passait, mais, nous ne saurions trop le répéter, nous ne parlons que d'une classe spéciale d'esclaves, des esclaves commerçants, de ceux dont le pécule n'est pas un simple composé d'économies ou de gratifications, mais une fraction détachée du patrimoine du maître, ceux-là sont généralement *gratis manumissos*. Certains textes rattachent même expressément la somme qu'ils doivent payer, non pas à la concession de la liberté, mais à celle du pécule : quæritur si servo libertas data sit, « si decem dedisset heredi », peculiumque ei legatum sit, an decem, quæ dedisset heredi, debeant de peculio decedere ? — Et est verum, quod Sabino placuit, HOC MINUS ESSE IN PECULIO LEGATO (D. XXXIII, 8, 8, § 3). La connexité est encore mieux accusée dans le texte suivant d'Ulpien où le seul fait que l'esclave doit une certaine somme fait présumer l'abandon du pécule, notons qu'il s'agit d'un esclave préposé à une gestion : interdum, et si non sit legatum peculium, velut legatum sic accipitur, id est in hujusmodi specie : quidam servo libertatem, « si rationes reddidisset », dederat ; « et si heredibus centum intulisset ». Imperator igitur noster cum patre rescripsit, peculium quidem non nisi legatum deberi, verum (inquit), si conditionibus præscriptis paruit servus, testatorem voluisse eum retinere peculium interpretamur, VIDELICET EX EO, QUOD EX PECULIO EUM JUSSERAT CENTUM INFERRE (D. XXXIII,

8, 8, § 7) (1). Les exemples sont nombreux d'esclaves devant payer une somme souvent très forte ; la loi 4, § 1 (D. XL, 7) nous dit cependant que la condition « si heredi millies dedisset » serait regardée comme impossible à remplir, mais nulle part on ne voit établir par les textes de rapport entre la valeur de l'esclave et la somme qu'il doit payer ; c'est qu'en effet la somme doit être en rapport non pas avec la valeur de l'esclave, mais avec le montant du pécule. C'est du pécule en effet que la somme doit être tirée, du moins normalement : si quis servum jussum « decem dare et liberum esse », operari prohibeat ; vel si, quod ex operis suis meret, abstulerit ei heres, vel si quod ex mercedibus suis coegit....... an ad libertatem perveniat? Quod si prohibeatur operari, non fore liberum : quia operari domino debet. Plane si ei ablata fuerit pecunia ex operis collecta, liberum fore arbitror : QUIA DE PECULIO DARE PROHIBETUR (D. XL, 7, 3, § 8) (2). Ce texte fournit de plus la preuve que les gains que peut faire l'esclave par son travail, son industrie et son commerce entrent dans son pécule et le grossissent, il ressort du texte que c'était du moins là la règle habituelle.

Nous voyons dans le paiement de cette somme

(1) Voir aussi D. XV, 1, 35.

(2) Pour bien comprendre ce texte, il faut se rappeler que le fait de la part du maître d'empêcher l'esclave d'accomplir la condition mise à la liberté équivaut, de la part de l'esclave, à son accomplissement.

comme un premier partage et une première liquidation (incomplète sans doute) de cette société qui avait existé *économiquement* entre le maître et l'esclave commerçant pourvu d'un pécule, qui existait maintenant entre ce même maître devenu patron et ce même esclave devenu affranchi et gardant son pécule, société dont le capital (le pécule) *juridiquement* avait appartenu tout entier au maître et appartenait maintenant tout entier à l'affranchi.

C'est ce qui apparaît mieux dans la deuxième combinaison employée pour compenser ce que l'abandon intégral du pécule peut avoir d'excessif en certains cas, c'est du reste la plus fréquente : l'affranchi (1) devra payer, pendant un certain nombre d'années, à des échéances fixes, une rente au patron ou aux héritiers : « Stichus servus meus heredi meo mille nummos anno, biennio, triennio, postquam ego mortuus ero, si solverit, satisve fecerit, liber esto » (D. XL, 4, 41, § 7) et le texte ajoute : Non potest is servus, nisi triennio præterito, liber esse, nisi præsentem eam pecuniam solvat, aut satisfaciat : compensanda etenim est heredi libertatis celeritas præmaturæ pecuniarum solutioni.

La loi 3, §§ 13 et 14 (D. XL, 7) nous rapporte un

(1) Il serait plus exact de dire : l'esclave avant d'être affranchi, mais en fait comme nous l'avons déjà remarqué et comme on va encore le voir par les textes, l'esclave, en donnant caution de payer, obtenait de suite la liberté.

autre exemple : Stichus, « annua, bima, trima die denos aureos heredi si dederit », liber esse jussus est; et la suite du texte fait la même observation que précédemment. Dans la loi 40, § 2 (D. XL, 7) c'est tous les mois que la somme doit être payée pendant 5 ans : un patron Pamphilo liberto, quem heredem ex parte instituerat, Stichun servum prælegaverat et ei libertatem his verbis dederat : « Ita ut, si tibi ex die mortis meæ per annos continuos quinque, menstruos sexagenos dederit, tunc eum manumittas ». D'autres fois la prestation est quotidienne et en nature : servum a filio post quinque annos, « si eo tempore mercedem diurnam filio præstitisset », manumitti voluit (D. XL, 5, 23, § 4). Les combinaisons pouvaient varier à l'infini suivant la nature des affaires auxquelles présidait l'esclave et suivant les circonstances, mais on retrouve toujours le même fait : une certaine redevance payée au maître par celui qui a été affranchi ou qui va l'être. Tout à l'heure c'était une somme une fois payée qui réglait la situation, ici c'est moins un partage ou une liquidation de société, que l'image même d'une société en activité dont l'affranchi est désormais le gérant libre et dont le commanditaire est le patron touchant un intérêt.

Mais tout cela ne suffit pas encore : la somme à payer est fixée d'avance, le montant de la rente et sa durée le sont aussi ; or le caractère de toute société c'est que les gains des associés varieront avec les bénéfices : si les affaires périclitent, le patron se sera toujours assuré une certaine part du fonds social, mais si elles prospèrent laissera-t-il à son affranchi tout le profit ? Le capital que l'affranchi a fait fructifier par son travail, qu'il a grossi de toutes manières, a son origine première dans le pécule concédé, puis donné par le maître ; cette expérience des affaires que possède l'affranchi, les relations commerciales qu'il entretient peut-être, tout cela il le doit aussi en partie à son ancien maître. Les Romains n'étaient pas gens à renoncer à un gain futur et éventuel auquel ce que nous venons de rappeler leur donnait quelque droit. Aussi nous reste-t-il deux points à examiner avant d'avoir vu comment se liquidait entièrement cette situation si complexe de l'esclave commerçant pourvu d'un pécule ; ces deux points sont : les charges imposées aux affranchis, les droits des patrons dans la succession de leurs affranchis.

Charges imposées aux affranchis.

Des charges imposées aux affranchis (*operæ*) nous n'avons que peu de choses à dire, il faut d'abord écarter toute la série des *operæ officiales* qui sont des services honorifiques et n'ont aucun rapport avec le sujet qui nous occupe ; quant aux *operæ fabriles* les textes ne nous disent guère en quoi elles consistaient, mais le peu qu'ils en disent suffit à montrer qu'il s'agit de services où la considération de la personne, nous dirions volontiers l'*intuitus personæ*, joue un certain rôle, il s'agit souvent d'un médecin, d'un acteur, d'un peintre, d'un copiste, d'un *nomenclator* (1). Le maître a apprécié l'habileté et l'intelligence de ces esclaves, il les en récompense par l'affranchissement, mais il se réserve d'user de leurs services, il n'entend priver ni lui ni sa famille d'aussi bons serviteurs. Mais, on le voit, il s'agit plutôt ici d'esclaves artistes ou exerçant des professions libérales, comme nous dirions aujourd'hui. A l'autre extrémité des conditions serviles sont les travailleurs manuels : à ceux-là aussi le maître peut imposer des *operæ* : telles ou telles corvées, fournir à la maison tel ou tel produit qu'ils fabriquent.

Mais aux esclaves commerçants (entrepreneurs ou préposés) que pouvait-on demander comme *operæ* ? Nous ne le voyons guère par les textes et nous ajoutons que nous ne pouvons guère nous l'imaginer. On s'occupe d'une affaire ou l'on ne s'en occupe pas, l'esclave qui a rendu ses comptes n'a plus à s'immiscer dans la gestion. On comprend toutefois qu'il puisse encore rendre des services en nouant ou en entrete-

(1) Esclave sachant par cœur les noms de tous les citoyens importants, accompagnant son maître dans ses sorties et lui permettant de saluer par leur nom toutes les personnes qu'il rencontrait.

nant des relations commerciales, et c'est ce que permettent de supposer les textes assez nombreux relatifs aux voyages imposés à l'affranchi comme *operæ*: Quidam libertum suum in Asiam misisset ad purpuras emendas (D. XXXIV, 2, 4). Les *operæ* doivent être en rapport avec la situation de l'affranchi, sa capacité, la profession qu'il a exercée étant esclave ou qu'il exerce depuis, et en rapport aussi avec la situation du patron : Tales patrono operæ dantur, quales ex ætate, dignitate, valetudine, necessitate, proposito, cæterisque ejus generis, in utraque persona æstimari debent (D. XXXVIII, 1, 16, § 1). — Operarum editionem pendere ex æstimatione edentis : nam dignitati, facultatibus, consuetudini, artificio ejus convenientes edendas (D. XXXVIII, 1, 50 p.). Tout cela est assez vague et laisse une grande latitude au patron ; la loi 38, § 1 (D. XXXVIII, 1) donne quelques indications plus précises : Si tamen libertus artificium exerceat, ejus quoque operas patrono præstare debebit, et si post manumissionem id didicerit : quod si artificium exercere desierit, tales operas edere debebit, quæ non contra dignitatem ejus fuerint : veluti ut cum patrono moretur, peregre proficiscatur, negotium ejus exerceat. Ces derniers exemples peuvent très bien se rapporter à d'anciens esclaves commerçants desquels le patron se réservait encore le concours pour l'assister dans ses affaires, les administrer ou voyager pour elles.

D'un esclave commerçant le maître pouvait aussi songer à exiger qu'il ne s'établisse pas dans son voisinage pour continuer le commerce qu'il faisait naguère pour lui ou pour en fonder un analogue au sien, la concurrence pouvant être une cause de moins-value ou de ruine pour le commerce du patron. Aussi trouvons-nous des textes sur ce point, mais ils paraissent condamner cette prétention du patron et se prononcer pour la liberté du commerce : liberti homines negotiatione licita prohiberi a patronis non debent (D. XXXVII, 14, 2). La loi 18 (D. XXXVII, 14) indique bien que ce que le patron redoute c'est la concurrence de son affranchi : quæro, an libertus prohiberi potest a patrono, IN EADEM COLONIA, in qua ipse negotiatur, IDEM GENUS NEGOTII exercere? Scævola respondit, non posse prohiberi. Enfin la loi 45 (D. XXXVIII, 1) est encore plus précise, il s'agit d'un marchand d'habits : libertus negotiatoris vestiarii an EAMDEM negotiationem in EADEM civitate et EODEM loco, invito patrono, exercere possit? Respondit, nihil proponi, cur non possit ; mais le jurisconsulte ajoute : si nullam læsionem ex hoc sentiet patronus. Cette réserve est grave et semble détruire tout ce qui précède, elle est d'autant plus étrange qu'elle émane du même jurisconsulte Scævola, qui plus haut se prononçait sans réserve pour la liberté du commerce. Du reste ce qui nous importe, c'est moins la solution de cette question particulière, que le jour jeté par ces textes sur la position des esclaves commerçants devenus affranchis. Il faut noter qu'un affranchi peut être choisi par son patron comme préposé : Lucius Titius mensæ nummulariæ, quam exercebat, habuit libertum præpositum (D. XIV, 3, 20). Il est probable que l'affranchi préposé avait été un esclave préposé et continuait son rôle : économiquement l'affranchissement ne changeait guère sa situation (1).

Un autre motif pour lequel les *operæ* ne jouent qu'un petit rôle dans notre sujet tient à ce que la plupart des esclaves dont nous nous occupons étaient affranchis par fidéicommis et non directement, or celui à qui est confié le soin de l'affranchissement ne peut pas imposer d'*operæ* à l'affranchi : rescriptum est a divo Hadriano, et deinceps, « cessare operarum persecutionem adversus eum, qui ex causa fideicommissi ad libertatem perductus est » (D. XXXVIII, 1, 7, § 4). La raison c'est qu'il ne l'affranchit pas de son propre mouvement, mais pour obéir à la volonté du testateur qui, lui, n'est plus là pour imposer des *operæ* : non enim sic fiunt liberti, ut sunt proprii, quos, nulla necessitate cogente, manumisimus (D. XXXVIII, 1, 13, § 1). Mais, dira-t-on, pourquoi ces esclaves préposés à des entreprises sont-ils affranchis par fidéicommis? — Nous en voyons deux raisons : la première c'est que leur affranchissement est condi-

(1) Voir D. XXVI, 7, 58.

tionnel « si rationes reddiderint » et souvent on ajoute « diligenter » ou quelqu'équivalent ; si la liberté était donnée directement sous cette condition, qui serait juge de son entier et loyal accomplissement? L'héritier sans doute, mais il est plus naturel de recourir à un fidéicommis adressé à l'héritier lui-même ou à un tiers peut-être plus capable que l'héritier de contrôler l'exécution fidèle de la condition et de recevoir les comptes. Une deuxième raison tient à ce que la liberté est souvent retardée pendant un temps plus long que celui qu'exigerait la reddition de comptes, le testateur veut que son fils soit en âge de gérer ou de surveiller sa fortune, nous avons développé cette idée plus haut avec l'appui des textes. Il peut aussi y avoir des cas où le père de famille désire qu'à sa mort l'affaire, qui est peut-être en bon chemin, ne subisse pas d'arrêt ou de secousse, il estime qu'un certain laps de temps est nécessaire pour en retirer tout le bénéfice qu'elle promet : en tous ces cas il faut, pour obtenir le résultat qu'on se propose, recourir à un fidéicommis. Notons du reste que le développement et l'importance pris par les fidéicommis au début de l'empire (création d'un magistrat spécial, *Prætor fideicommissarius*) coïncide avec l'époque où la préposition des esclaves et leur emploi dans le commerce sont devenus le plus fréquent. Cette concordance peut s'expliquer en partie par ce fait que la liberté était presque toujours accordée à ces esclaves et qu'elle l'était presque toujours sous la forme de fidéicommis : le titre de *fideicommissis libertatibus* au Digeste (XL, 5) est l'un des plus longs et il y est constamment question d'esclaves affranchis qui ont des comptes à rendre.

Efforts des patrons pour tirer des revenus de leurs affranchis. — Résistance de la jurisprudence.

Le peu d'importance des *operæ* était compensé en partie, comme nous l'avons vu plus haut, par le paiement d'une certaine somme ou d'une certaine rente, prestation tout à fait en rapport avec l'ancienne profession de l'esclave qui avait été le plus souvent une manière de caissier, de banquier, nous dirions presque de capitaliste. Cette somme à payer devait être fixée avant l'affranchissement et il était défendu d'exiger de l'argent comme *operæ*, les textes reviennent sans cesse sur ce point, interdisant de *charger la liberté* : is qui *onerandæ libertatis* causa pecuniam patrono repromiserit, non tenetur (D. XXXVIII, 1, 32). — Quæ onerandæ libertatis causa stipulatus sum, a liberto exigere non possum. (D. XLIV, 5, 1, § 5) (1). Mais leur insistance même témoigne de tous les détours employés pour leur échapper. Rien ne paraissait plus naturel en effet que d'exiger d'un esclave

(1) Voir aussi : D. XLIV, 5, 2, § 2.

qui avait fait le commerce, qu'on affranchissait en lui abandonnant un certain capital à l'aide duquel il continuait à faire le commerce, une prestation en argent, c'est ce qui semblait le mieux répondre à sa dignité, à ses moyens, à sa profession, pour reprendre le langage même des textes, mais les jurisconsultes restèrent fidèles à la définition des *operæ* : operæ sunt diurnum officium (D. XXXVIII, 1, 1). Si les *operæ officiales* sont rigoureusement personnelles, on peut dire des *operæ fabriles* qu'elles le sont aussi en un sens : si le patron n'en use pas, c'est toujours lui qui désignera la personne, l'ami, à qui il veut qu'on les rende (1). Il y a donc toujours dans les *operæ* quelque chose de personnel, personnel du côté de l'affranchi dont on veut s'attacher la personne, personnel du côté du patron ou de ses enfants qui seuls ont droit aux *operæ*, or rien n'est moins personnel qu'une prestation d'argent. Les jurisconsultes profitèrent très habilement de cette conception du caractère des *operæ* pour empêcher le maître d'en abuser : le patron eût pu exiger en argent des sommes énormes, ne pouvant exiger que des services *personnels* ou des prestations *en nature*, cela limite forcément ses exigences (2). Nec patronis pro operis mercedem

(1) D. XXXVIII, 1, 9 et 23 p.

(2) Pour reprendre des exemples des textes : voici un peintre ou un tailleur affranchis, ils gagnent peut-être beaucoup par leur industrie ; le patron ne pourra pas exiger d'eux une part

accipere licet (C. VI, 3, 6 p.). Ce n'est qu'avec quelque difficulté même que les textes autorisent le patron à louer les services dus par son affranchi, quand il n'en a pas besoin et à en toucher le prix (1).

Avant même tous ces efforts des jurisconsultes si favorables aux affranchis, le préteur s'était préoccupé de leur laisser une certaine indépendance et le fruit de leur travail : hoc edictum Prætor proponit coarctandæ persecutionis libertatis causa impositorum : animadvertit enim libertatis causa impositorum præstationem ultra excrevisse, ut premeret atque oneraret libertinas personas (D. XXXVIII, 1, 2 p.). Mais le développement du commerce et de l'industrie, le rôle que les esclaves y jouaient, l'accroissement des pécules que ce rôle même entraînait, rendaient nécessaires de nouvelles combinaisons. Les *operæ* compensaient autrefois le don de la liberté et l'abandon d'un maigre pécule, elles étaient insuffisantes (comprises comme elles l'étaient) pour balancer le don de la liberté à un esclave dressé au commerce et l'abandon d'un pécule considérable, — il fallait de l'argent. Ariston avait écrit : perinde enim operæ a libertis ac pecunia credita petitur (D. XXXVIII, 1, 4) ; pour la classe d'esclaves qui nous oc-

dans ces bénéfices, mais seulement qu'ils repeignent sa maison ou fournissent sa famille de vêtements. Voir aussi D. XL, 9, 32, §§ 1 et 2.

(1) D. XXXVIII, 1, 25.

cupe, nous dirions volontiers que les *operæ* sont en quelque sorte la conséquence du capital (pécule) confié à l'affranchi dont elles représentent l'intérêt. Les patrons essayèrent de tout, mais une des combinaisons tentées par eux doit nous arrêter quelque temps, c'est celle d'une *société* entre le patron et l'affranchi.

Cette idée de société, que l'analyse économique nous avait indiquée de suite entre le maître qui fournit le capital et l'esclave qui fournit son travail, idée dont nous avions cherché un reflet, souvent lointain, dans les textes juridiques, en étudiant d'abord les règles de la préposition et la concession du pécule, puis les conditions de l'affranchissement et l'abandon du pécule, enfin la situation et les obligations de l'affranchi, la voici mentionnée par un texte et consacrée par un préteur : Prætor Rutilius edixit, se amplius non daturum patrono, quam operarum et SOCIETATIS actionem (D. XXXVIII, 2, 1, § 1) et le texte ajoute : cela suppose qu'il a été convenu que, si l'affranchi ne rendait pas l'*obsequium* à son patron, celui-ci serait considéré comme étant son associé : Si hoc pepigisset ut nisi ei obsequium praestaret libertus, in SOCIETATEM admitteretur patronus. Qu'est-ce à dire l'*obsequium* ? Ce mot a un sens très large et très vague, le patron pouvait par là obtenir de l'affranchi tout ce qu'il désirait, en particulier cette participation aux bénéfices que lui assurait la société, et même davantage. L'affranchi était tout à fait sous sa coupe, à sa discrétion, c'est cette situation que le préteur a voulu adoucir en disant qu'il ne donnerait que l'action *pro socio*, rien de plus, *non amplius*. Ce texte paraît concluant : l'affranchi ne travaille pas pour son patron, qui probablement n'a que faire de son industrie et cependant il se livre à une entreprise lucrative, aux gains de laquelle le patron veut participer comme associé, prétention qui peut se justifier, si, outre la liberté, ce patron a donné à son ancien esclave un capital (le pécule) qui lui a permis de monter l'affaire.

Cette partie de l'édit du préteur Rutilius nous paraît donc équitable, elle avait au moins l'avantage de traduire juridiquement la situation économique ; mais ce procédé de traduction littérale, pour ainsi parler, n'est pas toujours le meilleur (aujourd'hui l'ouvrier économiquement *collabore* avec son patron et juridiquement lui *loue* ses services). Il y eut probablement des abus qu'on peut aisément deviner, surtout pour les cas où le capital fourni par le maître était relativement minime. On semble aussi avoir voulu laisser à l'affranchi plus d'indépendance, lui permettre de disposer des gains de son entreprise, au moins de son vivant, afin de pouvoir l'étendre. Toujours est-il que les successeurs de Rutilius transformèrent l'action *pro socio* en une certaine part à revenir au patron dans la succession de son affranchi : posteriores prætores certæ partis bonorum possessionem pollicebantur (D. XXXVIII, 2, 1, § 2) et le texte marque bien que ce droit de succession n'est introduit que pour compenser le droit qu'avait autrefois le patron en qualité d'associé : imago SOCIETATIS induxit EJUSDEM PARTIS præstationem : ut quod VIVUS solebat societatis nomine præstare, id POST MORTEM præstaret.

Mais le patron n'eût pas le choix entre les deux combinaisons : la société entre lui et son affranchi ou une part correspondante dans la succession de son affranchi, la société entre patron et affranchi fut dès lors déclarée nulle : Labeo ait, libertatis causa societatem inter libertum et patronum factam, ipso jure nihil valere, palam esse (D. XXXVIII, 1, 36). Le droit du patron dans la succession de l'affranchi remplaçait donc les profits pécuniaires que le patron essayait autrefois de tirer de la situation de son affranchi, soit au moyen d'un contrat de société passé entre eux, soit en lui imposant simplement comme *operæ* le paiement de sommes d'argent : solet autem inter patronos et libertos convenire, ut pro operis aliquid præstetur, licet pretium peti non possit (C. VI, 3, 1). Le premier moyen était supprimé sans retour, quant au deuxième il n'était pas permis en principe, mais le maître qui en usait perdait tout droit dans la succession de son affranchi, c'était à lui de choisir ce qu'il préférait : sicut, testamento facto, decedente liberto, potestas datur patrono, vel libertatis causa imposita petere, vel partis bonorum possessionem :

ita et cum intestato decesserit, earum rerum electio ei manet (D. XXXVII, 14, 20). — Patronus, si pecuniam exegerit, bonorum possessionem contra tabulas ejus non potest petere (D. XXXVIII, 1, 32). Toute demande d'argent est donc interdite au patron, les *operæ* ne peuvent consister en un paiement d'intérêts ou de dividendes, et cependant la situation économique, qui date de l'époque où l'affranchi était encore esclave, ne peut se résoudre que par le paiement de sommes d'argent; mais le règlement définitif de cette situation, que nous avons comparée à une société, est retardé jusqu'à la mort de l'affranchi, c'est ainsi que nous sommes amenés à dire quelques mots de la succession des affranchis.

Part du patron dans la succession de ses affranchis.

Cette succession présente des traits bien particuliers. Si l'on demande à un sociologue, par exemple, expert en droit romain, mais ayant perdu de vue les détails de certaines institutions, quelle a été la marche, ou plutôt l'évolution, pour parler le langage à la mode, de la succession des affranchis, il répondra sans doute qu'à l'origine, d'après la loi des XII Tables, les droits du patron sont très grands, « à cette époque, dira-t-il, la famille est fortement constituée, le père de famille absorbe toutes les personnalités, toutes les individualités qui l'entourent, à plus forte raison celles qui émanent de lui, comme celle des affranchis ; plus tard les liens se relâchent, l'affranchi conquiert sa place dans les affaires, puis dans la cité, la part du patron dans ses biens diminue » ; si l'on rappelle à notre sociologue que la loi Papia Poppæa est intervenue dans la question, il s'empressera d'ajouter que les enfants de l'affranchi écarteront désormais le patron de sa succession..... (1). — Or le contraire de tout ce qui précède est, à peu de chose près, l'expression de la vérité, c'est ce que nous voudrions brièvement indiquer, en en dégageant le motif.

(1) C'est à peu près le langage tenu par M. Fustel de Coulanges dans sa *Cité antique* (liv. IV, chap. VI, 3°), il est peut-être intéressant de rapporter ses propres expressions pour montrer jusqu'où une idée préconçue peut égarer un esprit, même comme le sien : « on peut bien discerner, dit-il, les *adoucissements successifs* qui furent apportés au sort du client (il assimile, bien arbitrairement du reste, clients et affranchis), et par *quels degrés* il est arrivé au *droit de propriété*..... les dispositions *si dures* de la vieille loi..... prouvent du moins qu'il pouvait déjà posséder un pécule. Le client fait ensuite un *progrès de plus* ; il obtient le droit, en mourant, de transmettre ce qu'il possède à son fils ; il est vrai qu'à défaut de fils son bien retourne encore au patron. Mais voici un *progrès nouveau* : le client qui ne laisse pas de fils *obtient* le droit de faire un *testament*. Ici la coutume hésite et varie ; tantôt le patron reprend la moitié des biens, tantôt la volonté du testateur est respectée tout entière ; en tous cas, *son testament n'est jamais sans valeur*. Ainsi le client, s'il ne peut pas encore se dire propriétaire, a du moins une jouissance aussi étendue qu'il est possible. » Cette description fantaisiste est suivie d'un renvoi au passage des Institutes (III, 7) où Justinien montre avec quelques détails que le développement historique de l'institution a été précisément en sens contraire : il est impossible de tromper le lecteur plus complètement.

La succession des affranchis est une matière fort complexe et compliquée dans ses détails : « Jus usque ad nostra tempora satis obscurum, atque nube plenum et undique confusum », comme le dit Justinien, mais cela tient à deux causes : les modifications successives apportées à ce droit ; la diversité des situations qui peuvent se présenter. Pour l'objet qui nous occupe, nous pouvons écarter presque entièrement cette deuxième cause : les petits détails de la dévolution successorale nous importent peu, nous voulons seulement essayer d'en saisir les grandes lignes et l'esprit, nous nous attacherons pour cela au cas où c'est un homme qui affranchit un homme ; en effet, c'est le *paterfamilias* qui en général affranchit ces esclaves commerçants ou préposés, c'est lui qui surveille leur gestion et les en récompense, s'il y a lieu ; la maîtresse de maison affranchira plutôt des esclaves domestiques dont nous ne parlons pas ici ; d'autre part l'esclave affranchi sera le plus souvent un homme, car ce sont des hommes qu'on prépose aux grandes entreprises ou qui s'y adonnent (les textes nous fournissent sans doute des exemples de femmes préposées, mais en général c'est à un petit commerce, à des boutiques, des auberges, nous en dirons quelques mots plus loin). Quant aux modifications apportées par Justinien, nous les laisserons de côté : à cette époque, nous l'avons dit, le rôle des esclaves et des affranchis dans le commerce n'est plus le même, les conditions économiques sont changées et les principes dont s'inspire le législateur sont d'un ordre tout différent. Nous n'avons donc à étudier que trois étapes de la législation : la loi des XII Tables, les innovations du préteur, la loi Papia Poppæa.

La loi des XII Tables n'appelle le patron à la succession de son affranchi qu'à défaut de tout autre héritier, il faut s'empresser d'ajouter que cela ne le repousse pas autant qu'on pourrait le croire, parce que l'affranchi n'a pas d'agnats, mais il reste que les enfants de l'affranchi *sui heredes* (nés par conséquent depuis l'affranchissement), excluent le patron, il en est de même de la femme *in manu* de l'affranchi ou d'un enfant qu'il aurait adopté, car ce sont là encore des *sui heredes* ; il reste enfin (et c'est le point le plus intéressant à noter) que l'affranchi peut tester librement et préférer n'importe qui à son patron.

Le préteur modifia profondément ce système et cela tout à l'avantage du patron : d'abord l'affranchi ne peut plus tester librement, il *doit* à son patron la moitié de ses biens. S'il a manqué à cette obligation, le patron obtient sa moitié par une *bonorum possessio contra tabulas* ; en présence de la femme *in manu* ou de l'enfant adoptif de son affranchi, le patron a encore droit à la moitié de sa succession ; il n'y a plus que les enfants nés de l'affranchi qui excluent entièrement le patron.

La loi Papia Poppæa retoucha encore le système

prétorien, et dans un sens plus favorable au patron : « postea lege Papia, dit Gaius, AUCTA SUNT jura patronorum », au détriment des enfants de l'affranchi, ce qui paraît d'abord assez inattendu si l'on songe à l'esprit de cette loi. D'après le préteur, dès qu'il y a un enfant, le patron est exclu ; d'après la loi Papia Poppæa, il faudra trois enfants pour exclure le patron : s'il y en a moins de trois, le patron a encore droit à une part virile (une moitié ou un tiers de la succession). Sans doute on voit bien en quoi cette disposition se rattachait au système général et au but de la loi, mais nous pensons que le système précédent favorisait mieux encore le développement de la population, en écartant le patron dès qu'il y avait un seul enfant (1). Pourquoi donc cette faveur nouvelle accordée au patron ? Notons d'abord que cette faveur ne lui est accordée que si l'affranchi est très riche, c'est-à-dire a une fortune d'au moins 100.000 *sesterces*. Cette condition nous donne la clef, non seulement de la loi Papia Poppæa, mais encore des innovations du préteur.

(1) En effet l'affranchi, citoyen romain, dont nous parlons en ce moment, ne pouvait être affranchi avant 30 ans, les enfants qu'il avait eus antérieurement à son affranchissement ne lui comptaient pas pour exclure le patron. Si l'on songe à toutes ces causes, on se convaincra que l'exclusion totale du patron par les enfants de son affranchi devait être un fait assez rare, cela ressort des textes mêmes, néanmoins les patrons cherchèrent à se défendre contre cette éventualité d'exclusion ou tout au moins de diminution de leur part, en faisant prêter serment à l'affranchi de ne pas se marier, mais les lois s'y opposèrent.

C'est parce que les affranchis étaient plus riches que la part des patrons a été plus grosse ; mais il serait injuste de penser que les patrons se sont fait une part plus large dans la succession de leurs affranchis, uniquement parce que ceux-ci s'étaient enrichis. La vérité est que les patrons les avaient eux-mêmes enrichis ou tout au moins leur avaient donné les moyens de s'enrichir et cela par la concession de plus en plus fréquente de pécules de plus en plus considérables. Or nous n'hésitons pas à rattacher ce fait à l'emploi de plus en plus répandu et de plus en plus important des esclaves dans le commerce et dans l'industrie. Sans doute l'augmentation des fortunes, une générosité louable, ou même coupable, peuvent expliquer bien des choses et les textes en offrent des traces ; mais, nous le demandons, cela explique-t-il la fortune des affranchis et son accroissement tel qu'il force à modifier, à deux reprises, la législation dans un sens opposé à celui qu'on aurait pu prévoir ? Un pareil mouvement ne s'explique que par des causes économiques persistantes, agissant sans cesse avec plus d'amplitude, à mesure que le commerce et la fortune se développaient, et non pas par le caprice plus ou moins généreux des maîtres. Les époques du reste coïncident : c'est à la fin de la république et au début de l'empire que les droits des patrons dans la succession de leurs affranchis sont étendus, c'est aussi à cette époque que se développe le plus l'initiative individuelle (c'est-à-dire l'emploi des esclaves) dans les entreprises commerciales. Enfin ce qui nous autorise à relier ces deux idées c'est surtout le texte cité plus haut (D. XXXVIII, 2, 1) : le préteur n'a élargi les droits du patron dans la succession de son affranchi mort que pour le décharger, vivant, du joug de cette société que le patron lui imposait ; or les patrons qui en usaient ainsi ne pouvaient pas être qualifiés de généreux, c'étaient cependant ces mêmes patrons que les nécessités du commerce amenaient à confier de grosses sommes à leurs affranchis, sommes sur lesquelles ils voulaient toujours garder quelque droit, droit d'associé ou de propriétaire par indivis (c'est souvent le sens du mot *socius*), droit que le préteur et les jurisconsultes firent tous leurs efforts pour arracher aux patrons en leur donnant en compensation un droit analogue sur ces mêmes biens à la mort de l'affranchi.

Ainsi était assurée l'indépendance commerciale de l'affranchi, nous disons commerciale, car ce droit que le patron ne pourra exercer qu'à la mort de l'affranchi se fait sentir de son vivant même. De cette idée qu'il y a une *pars debita patrono*, il résultait naturellement que tous les actes frauduleux par lesquels l'affranchi diminuait son patrimoine, pouvaient être révoqués après sa mort par le patron (action Faviana ou Calvisiana) (1). L'affranchi était donc bien, comme

(1) Ils étaient même nuls, s'ils rendaient l'affranchi *minorem centenario* (D. XXXVII, 14, 16 p.).

nous l'avons dit, le gérant libre de cette société qui existait à l'état latent entre lui et son patron, mais il ne pouvait employer le fonds social pour des libéralités ou des opérations frauduleuses.

Nous n'avons parlé jusqu'ici que des affranchis citoyens romains, c'est-à-dire de ceux qui ont été affranchis par un propriétaire quiritaire au moyen d'un des trois modes solennels (*vindicta*, *censu*, *testamento*) à l'âge d'au moins 30 ans, mais l'affranchissement était possible en dehors de ces conditions, seulement la loi Junia Norbana, tout en le reconnaissant valable, lui attribuait des effets moindres : l'affranchi était seulement citoyen latin. Nous n'avons pas à étudier sa condition, nous voulons simplement noter ce qui en était le trait distinctif : tous les biens de l'affranchi latin à sa mort appartenaient à son patron, comme s'il fût resté toujours son esclave, c'est ce que Justinien exprime avec beaucoup de relief, quand il dit des affranchis latins : « qui licet ut liberi vitam suam peragebant, attamen ipso ultimo spiritu simul animam atque libertatem amittebant et quasi servorum, ita bona eorum, JURE QUODAMMODO PECULII, ex lege Junia manumissores detinebant ». (Inst. III, 7, § 4).

Il serait inexact de méconnaître le motif politique qui a inspiré la loi Junia Norbana, mais Gaius nous laisse entrevoir que toute préoccupation économique n'a pas été étrangère à son auteur. Si le maître n'affranchissait pas son esclave dans toutes les règles, s'il préférait lui laisser la liberté de fait plutôt que lui conférer la liberté de droit, c'est qu'il ne pouvait se décider à lui abandonner définitivement ce pécule auquel le commerce avait donné tant d'importance. Ce qui a fait obstacle à nombre d'affranchissements, c'est le pécule. Ce pécule qui, à l'origine, n'était qu'un moyen d'acheter la liberté est devenu, avec le temps et en changeant de nature, une entrave à la liberté même : le retirer à l'esclave était trop dur, c'était briser toute sa carrière et arrêter peut-être aussi une entreprise en bonne voie ; le donner tout entier à l'affranchi était trop généreux. L'esclavage créait ici, comme à beaucoup d'autres points de vue, une situation fausse, d'où il était très difficile de sortir. Les maîtres étaient bien moins jaloux de leur autorité que de leur argent, ils étaient enchantés de témoigner leur faveur à un esclave qui faisait leurs affaires, de le déclarer libre *inter amicos*, de le traiter comme tel dans le commerce ordinaire de la vie, mais ils entendaient bien réserver tous leurs droits, sinon sur sa personne, du moins sur son pécule et sur les acquisitions qui en résultaient. L'auteur de la loi Junia se rendit très bien compte de cette situation, il consacra et légitima cette liberté qui tenait plutôt du fait que du droit, mais réserva au patron tous ses droits sur les biens : c'est ce que le texte de Gaius prouve clairement, malgré quelques incertitudes de lecture au début : legis Juniæ lator, cum intellegeret futurum ut ea fictione (par la fiction de sa loi qui considérait ces affranchis comme des latins) res Latinorum defunctorum AD PATRONOS PERTINERE DESINERENT, quia scilicet neque ut servi decederent ut possent jure peculii res eorum ad patronos pertinere, neque liberti Latini hominis bona possent manumissionis jure ad patronos pertinere, NECESSARIUM EXISTIMAVIT ne beneficium istis datum IN INJURIAM PATRONORUM converteretur, cavere voluit, ut bona eorum proinde ad manumissores pertinerent, AC SI LEX LATA NON ESSET, itaque jure quodammodo PECULII bona Latinorum ad manumissores ea lege pertinent (Gaius, III, 56).

On voit maintenant le lien qui rattache, d'après nous, les droits du patron dans la succession des affranchis à la concession de pécules importants et par là au rôle commercial joué par les esclaves. Ces droits du patron étaient très respectés : le prince lui-même ne pouvait accorder au Latin junien le titre de citoyen romain que *salvo jure patroni*, s'il l'accordait, *invito vel ignorante patrono*, l'affranchi restait latin au point de vue de sa succession (Gaius, III, 72).

De même s'il s'agit d'un affranchi citoyen romain, la concession du *jus aureorum annulorum* laisse intacts les droits de son patron sur ses biens : is qui jus annulorum impetravit ut ingenuus habetur : quamvis ab hereditate ejus patronus non excludatur (D. XL, 10, 5 et 6). Il en est autrement au cas de *restitutio natalium*, mais aussi cette faveur n'est régulièrement accordée à l'affranchi qu'avec le consentement de son patron : imperatores non facile solent quemquam natalibus restituere, nisi consentiente patrono (D. XL, 11, 2).

Enfin le fisc lui-même s'inclinait devant les droits supérieurs du patron dans le cas où les biens de l'affranchi étaient confisqués. Paul (D. XXXVIII, 20, 7 p. et § 1) place le patron sur le même rang que les *sui heredes* des condamnés, c'est qu'en effet le patron est en quelque sorte le *suus heres* de son affranchi, au moins en ce sens que les biens de l'affranchi lui appartiennent par indivis, si l'on admet la conception que nous avons proposée : le maître, au jour de l'affranchissement, se donnant, par rapport au pécule, un co-propriétaire ou un associé en la personne de son affranchi.

Si nous avons quelque peu insisté sur ces détails, c'est pour montrer avec quel soin jaloux les hommes les plus disposés à améliorer le sort des affranchis, et à une époque où tout semblait y porter, maintenaient intacts, ou même accroissaient, les droits du patron. Dès lors ne peut-on pas en induire que cette *pars debita patrono* n'était pas une sorte d'impôt levé sur les affranchis au profit des patrons, mais qu'elle était *due* par les affranchis, parce qu'elle *venait* des patrons, au moins dans un grand nombre de cas ?

Les droits du patron dans la succession de son affranchi passaient à ses enfants d'une manière générale, dans le cas où le patron mourait avant son affranchi ; sans doute il y avait des distinctions fort compliquées selon le sexe de ces enfants et selon que les biens venaient d'un affranchi citoyen romain ou latin junien ; mais ces complications nous importent peu, elles ne prouvent rien contre ce que nous avons avancé, elles attestent seulement les retouches partielles faites par les préteurs, les lois et les sénatus-consultes à un système ancien qu'on avait voulu mettre en harmonie avec un état économique nouveau.

Ce qui nous intéresse davantage, c'est le droit d'assigner à tel ou tel de ses enfants tel ou tel de ses affranchis. Ce droit, reconnu par un sénatus-consulte du temps de Claude, montre très bien l'importance qu'avaient alors les droits dans la succession des affranchis (D. XXXVIII, 4, 1 p.) ; le père qui assignait à l'un de ses fils un affranchi riche et industrieux faisait un acte équivalent à celui du père qui assignerait aujourd'hui à l'un de ses fils les actions qu'il possède dans une société prospère. Les droits, nous ne dirons plus à la succession, mais au pécule des affranchis latins pouvaient aussi être cédés, Pline le Jeune nous en fournit un exemple : « Valerius Paulinus, écrit-il, jus Latinorum suorum mihi reliquit », il n'aurait pas parlé autrement d'une part dans quelque société de publicains. Gaius (II, 195) parle de latins légués à une colonie.

Résumé.

Nous voudrions ramener à quelques propositions les points que nous avons cherché à établir dans ce qui précède. Le caractère de ce résumé nous impose de ne l'appuyer sur aucun texte, il faudra donc recourir aux pages précédentes pour trouver la preuve de ce que nous avancerons ; de plus le désir d'être clair et bref nous amènera à des affirmations peut-être un peu trop absolues dans un sujet où les combinaisons employées pour atteindre un but analogue étaient multiples et toujours arbitraires ; il ne faudra donc pas prendre au pied de la lettre tout ce qui suit, mais s'en servir comme d'un guide et d'une sorte de table des matières pour ce qui précède.

1° Les esclaves qui font le commerce ont un pécule, — cela est évident s'ils font le commerce avec ce pécule même et comme *entrepreneurs* ; — cela est vrai aussi s'ils ne sont que *préposés*, leur pécule étant alors une garantie pour les tiers qui traitent avec eux et pour le maître lui-même ; sans compter que leur situation, la confiance qu'on leur témoigne sont autant de raisons de plus pour qu'on leur accorde un pécule à une époque où un esclave sans pécule est regardé comme un mauvais esclave.

2° Ces esclaves commerçants arrivent toujours à

la liberté, cette perspective de la liberté, garantie de leur probité, les retient dans le devoir et les pousse à faire fructifier les capitaux qui leur sont confiés.

3° C'est qu'en effet la liberté n'est accordée qu'après une reddition de comptes minutieuse, qui a surtout pour objet de séparer les valeurs détenues par l'esclave à titre de préposé d'avec celles qui composent son pécule.

4° Le pécule, ainsi ramené à ses vraies limites, est presque toujours laissé à l'esclave affranchi, quelquefois il est augmenté par des dons ou des legs, en particulier par le don d'un fonds de commerce, c'est en effet de ce côté que les affranchis dirigent leur activité. L'esclave, en devenant affranchi, change de condition juridique, mais non de profession, il s'établit souvent dans le voisinage même de son maître. D'autrefois le pécule, sans doute plus considérable, n'est laissé à l'affranchi que sous la condition du paiement d'une certaine somme ou d'une certaine rente qui paraît être une redevance attribuée au maître ou à ses héritiers, dont le patrimoine se trouve peut-être sensiblement amoindri par le don du pécule, plutôt que le prix de la liberté accordée à l'esclave à qui elle semble due, d'après sa situation et d'après les mœurs.

5° Cette somme a aussi pour but de compenser les *operæ* qui, en général, ne pourront pas être imposées à l'affranchi; car l'affranchissement aura lieu, le plus souvent, par fidéicommis et celui qui est prié d'affranchir devient bien patron, mais ne peut imposer d'*operæ*, ou directement par testament et alors le maître ne devenant patron qu'après sa mort ne peut imposer d'*operæ*.

6° Quant à ceux qui affranchissent de leur vivant leurs esclaves commerçants, ils cherchent à les garder dans leur dépendance, afin de participer aux gains que ces esclaves devenus affranchis font par leur industrie, s'exerçant grâce aux instruments de travail que leur a laissés le maître. Le patron stipule de son affranchi de grosses sommes ou lui impose une sorte de société : la première de ces deux combinaisons est repoussée par la jurisprudence, la deuxième n'est admise qu'à une certaine époque par le préteur Rutilius.

7° Elle fait place à une nouvelle combinaison qui laisse à l'affranchi plus d'indépendance et assure un avantage à ceux-là même qui ne pouvaient imposer d'*operæ* à l'affranchi (aux fils de celui qui affranchit directement dans son testament, — ou a celui qui est prié d'affranchir dans un fidéicommis)(1). Cette combinaison, c'est l'attribution au patron d'une part dans la succession de son affranchi, combinaison imaginée par le préteur et développée par la loi Papia Poppæa pour les cas où l'affranchi a une grande fortune. Cette part, qui revient de droit au patron, est variable, mais, dans la grande majorité des cas, elle est de moitié, ce qui trahit sa ressemblance avec l'ancienne

(1) D. XXXVIII, 2, 29 p.

combinaison de la société dont, selon Ulpien, « *elle n'est que l'image* ».

C'est ainsi qu'après des détours qui ont peut-être parus bien longs, nous revenons à notre point de départ, à savoir à cette idée de société que les lois économiques secondées par les mœurs établissaient entre maître et esclave en dépit des lois juridiques : — société dont le plus grand profit est pour l'esclave, durant l'esclavage, puisqu'elle amène le maître à lui confier l'administration de capitaux ; qu'elle lui donne par là, jusqu'à un certain point, l'indépendance et la personnalité ; enfin qu'elle lui ouvre la perspective de la liberté, tout en offrant au maître l'avantage de faire valoir ses biens sans avoir à s'en occuper ni à encourir le déshonneur attaché au commerce ; — société qui s'affirme après l'affranchissement, en assurant à l'affranchi, avec des capitaux, une situation plus stable et plus d'indépendance, tout en conservant au patron comme un droit de contrôle qu'il exercera plus tard par la révocation des actes frauduleux ; — société qui se liquide à la mort de l'affranchi par le partage (égal le plus souvent) des biens qui formaient le fonds social entre le patron et les héritiers de l'affranchi.

Un texte résume toute cette série de combinaisons par lesquelles le maître tire profit de l'esclave, puis de l'affranchi ; par lesquelles l'esclave s'élève à la liberté et à la fortune. C'est un texte de Scævola (D. XXXIII, 8, 23, p.), nous y voyons un patron qui a hérité pour moitié de son affranchi, — les biens ainsi recueillis forment un tout dont le patron confie la gestion à l'un de ses esclaves, — cet esclave à son tour est affranchi dans le testament de son maître, sous la condition de rendre ses comptes, — son pécule lui est laissé par fidéicommis, — enfin le texte nous apprend que les biens venus de l'affranchi, puis gérés par l'esclave, consistaient principalement en créances d'argent placé à intérêt : dominus Sticho servo suo, qui bona liberti ejus gessit, cui pro parte dimidia testamento heres extiterat, in quibus negotiis gestis et calendaria fuerunt, testamento suo libertatem dederat, si rationem reddidisset; eique peculium suum per fideicommissum dedit. On retrouve concentré en ces quelques lignes tout ce que nous avons si péniblement cherché à développer : cette circulation de la fortune, ce passage des capitaux du maître à l'esclave, puis de l'affranchi au patron, ces valeurs confiées ou abandonnées par le maître, lui revenant après en avoir enrichi d'autres; de nouveau confiées, abandonnées de nouveau par lui pour s'accroître encore et enrichir avec celui qui les recevait celui qui les abandonnait.

N'y avait-il pas là une manière vraiment originale de faire valoir son argent? L'idée que le développement relativement peu considérable des sociétés privées à Rome, eu égard à celui du commerce et de l'industrie, s'explique par le rôle des esclaves, a été émise par plusieurs auteurs. Quelques-uns même ont comparé la collaboration du maître avec l'esclave à une société, mais, à notre connaissance, on n'a pas cherché à pousser cette comparaison plus avant. C'est ce que nous avons tenté de faire, en pénétrant jusque dans le détail des faits et des institutions. Mais, dès lors, il fallait élargir le cadre de notre étude et parler des affranchis; la société entre maître et esclave n'existe qu'à l'état latent, un des deux associés, l'esclave, n'existant pas juridiquement; mais l'esclave, en devenant affranchi, acquiert cette capacité juridique qui lui manquait et nous avons alors véritablement deux associés. Il fallait donc étudier les rapports de l'affranchi et du patron pour éclairer ce qu'avaient été, en fait, sinon en droit, les rapports du maître avec l'esclave. Cet élargissement du sujet était légitime, car les esclaves dont nous nous occupons étaient presque toujours affranchis et munis de leur pécule ; il était même nécessaire, car si la situation de l'esclave prépare celle de l'affranchi, elle ne se liquide qu'après l'affranchissement. Du jour où un pécule et une gestion sont confiés à un esclave jusqu'au jour où il meurt affranchi, il y a une suite, un enchaînement de rapports juridiques ou autres qui s'appellent et se combinent, c'est comme une pièce en deux actes qui forme un tout complet et dont on ne peut bien comprendre aucune des deux parties sans connaître l'autre.

Nous avons essayé d'expliquer par une idée économique et de grouper autour d'elle des institutions qu'on présente souvent isolément et dont quelques-unes provoquent l'étonnement des auteurs, (1) étonnement souvent en sens contraire : les uns admirant la générosité des maîtres, les autres se scandalisant de leur rigueur. Nous avons cherché dans chaque texte ce qu'on pouvait reconnaître de cette idée, ce qu'elle avait inspiré, ce qu'elle avait amendé, et nous sommes arrivés à conclure que son influence avait été fort grande chez un peuple qui ne parlait peut-être pas beaucoup d'économie politique, mais qui était avant tout commerçant et pratique, sachant très bien plier son droit aux exigences de ses intérêts. Beaucoup de réformes, attribuées à la philosophie stoïcienne, nous paraissent venir plutôt de la philosophie économique, c'est-à-dire de cette harmonie qui existe entre les intérêts économiques des hommes et qui faisait que l'intérêt du maître était aussi, dans une certaine mesure, celui de l'esclave. Nous pensons donc qu'il n'y avait de la part des maîtres ni autant de générosité, ni autant de rigueur qu'on l'a dit quelquefois.

Répétons encore que nous ne parlons que d'une certaine classe d'esclaves, des esclaves préposés à un commerce ou entrepreneurs ; mais, même en nous renfermant dans ces limites, on nous reprochera peut-être d'avoir vu du commerce partout et d'avoir trop voulu tout y rattacher. — Nous rappellerons d'abord dans quel sens large nous avons dit prendre le mot *commerce* ; que si l'on trouve néanmoins que nous avons trop exagéré le côté commercial, notre seule excuse soit qu'on l'a peut être trop négligé.

(1) Consulter : Lemonnier, *Condition privée des affranchis*.

DEUXIÈME PARTIE

RAPPORTS DU MAITRE AVEC LES TIERS AVEC QUI SON ESCLAVE COMMERÇANT A TRAITÉ.

Nous serions tentés de dire : rapports de l'esclave commerçant avec les tiers, mais un esclave peut-il être créancier, débiteur ? Ulpien nous répond que non et nous avertit en même temps que l'abus de langage qu'on pourrait nous reprocher se faisait déjà de son temps : Nec servus quidquam debere potest, nec servo potest deberi, sed, cum eo verbo ABUTIMUR, factum magis demonstramus, quam ad jus civile referimus obligationem (D. XV, 1, 41). Encouragés par l'exemple des Romains eux-mêmes (1), examinons donc rapidement comment l'esclave devient créancier, comment il devient débiteur ?

(1) Voir aussi D. XXXV, 1, 40, § 3.

CHAPITRE PREMIER

COMMENT L'ESCLAVE DEVIENT-IL CRÉANCIER ?

Si nous écartons les hypothèses anormales, rien de plus simple : devenir créancier, c'est améliorer la situation du maître, l'esclave a pour cela pleine capacité. C'est une capacité d'emprunt, il est vrai, elle lui vient de son maître, mais, dans le courant des affaires, on agit comme si elle lui était propre. N'en donnons que deux preuves, c'est la volonté de l'esclave et non celle du maître qu'on considère pour interpréter le contrat ; l'esclave peut stipuler sans nommer son maître, il peut même stipuler *sibi*.

Ce qui est acquis est acquis au maître, mais ici il faut distinguer entre l'esclave préposé et l'esclave entrepreneur. Ce qui est acquis par l'esclave préposé entre *directement* et, pour ainsi dire, de plain pied dans le patrimoine du maître. Ce qui est acquis par l'esclave entrepreneur entre dans son pécule, il est vrai que ce pécule fait partie du patrimoine du maître, mais c'est une partie détachée qui peut rentrer dans le tout, s'en séparer entièrement ou se partager. Nous avons longuement développé tous ces points.

Remarquons encore combien sont nombreux les textes qui parlent d'esclaves possédés en commun par plusieurs maîtres et qui s'étendent longuement sur la manière dont se répartiront entre eux les bénéfices provenant des acquisitions de l'esclave commun. C'est par l'action *pro socio* que se fera le règlement. Il y a donc entre ces maîtres d'un même esclave une sorte de société. N'y en a-t-il pas une autre, en fait, sinon en droit, entre eux et l'esclave commun ? Ne sont-ils pas vis-à-vis de lui des associés en nom ou des commanditaires lui fournissant le capital ? N'était-ce pas un moyen de se procurer un esclave très habile dans les affaires, — disons le mot, un excellent gérant ou directeur de société ? Comme un esclave doué de ces talents devait coûter très cher, on s'associait pour l'acheter et on se partageait ensuite les profits tirés de ses aptitudes commerciales (D. XV, 1, 27, § 8).

Sans insister plus longtemps, concluons que, dès une époque ancienne, la représentation des maîtres par leurs esclaves existe activement. Les premiers romains, préoccupés du seul point de vue juridique, crurent que cela leur suffisait pour que tout soit à leur avantage. Le développement du commerce leur montra que, pour *obliger* les autres, il fallait *s'obliger* soi-même, et que les deux choses se tenaient, sinon en droit, du moins en économie politique. Ils surent approprier leur droit à ces nécessités, toutefois il resta longtemps quelques traces du vieux principe : la représentation des maîtres par leurs esclaves au point de vue passif ne fut complète que sous Justinien.

CHAPITRE II

COMMENT L'ESCLAVE DEVIENT-IL DÉBITEUR ?

Nous arrivons à une question des plus importantes, comment le maître (en fait, il faudrait dire l'esclave) devenait-il débiteur? Il est inutile d'insister pour rappeler que de là dépend le crédit d'un commerçant. A première vue l'esclave paraît dans les plus mauvaises conditions : n'ayant rien en propre et ne pouvant obliger son maître, quelle surface offre-t-il, quel crédit lui fera-t-on, quelle sécurité auront les tiers en traitant avec lui? — La réponse à ces questions se trouve dans l'étude des actions dites *adjectitiæ qualitatis*, cette étude a souvent été faite, il serait inutile de la recommencer. On a recherché tour à tour leur mécanisme, leur formule, leur place si importante dans la théorie de la représentation ; nous nous attacherons uniquement à ce qui touche directement à notre sujet, c'est-à-dire à leur valeur économique : sur quoi pouvait compter celui qui traitait avec un esclave ?

La réponse diffère suivant la situation de l'esclave et nous retrouvons ici la distinction entre l'esclave préposé et l'esclave entrepreneur.

Esclave préposé.

Nous avons établi dans la première partie qu'en fait, presque toujours, l'esclave préposé avait un pécule, néanmoins nous en ferons d'abord abstraction pour étudier dans quelle mesure il engageait son maître.

Les actions institoires et exercitoires nous montrent qu'il l'engageait pleinement, à la double condition d'avoir été préposé par lui et d'agir dans les limites de sa préposition. Ce n'était qu'une application plus large de l'idée du *jussum* : l'ordre du maître au lieu d'être spécial était général, comprenant toute une série d'opérations.

Sous ces deux conditions, l'acte fait par l'esclave préposé engage tout le patrimoine du préposant, c'est comme si le tiers avait traité avec le maître lui-même, la représentation est complète. Notons, en passant, l'influence du commerce sur les théories juridiques et le droit commercial romain précédant dans cette voie le droit civil, car (on a pu discuter sur des points de détail) le caractère commercial de ces actions est hors de doute, nous avons essayé de le montrer dans le chapitre Ier de la 1re partie.

Comment les tiers qui traitaient avec l'esclave pouvaient-ils s'assurer qu'il agissait dans les conditions voulues pour engager son maître ?

Il faut répondre que les deux conditions se présumaient, le fait de voir l'esclave à la tête de la boutique ou du commerce fait présumer sa préposition. Quant à savoir s'il agit dans les limites de ses pouvoirs, il est facile de s'en rendre compte, en examinant s'il agit pour son commerce.

Aujourd'hui même la femme engage son mari par les dépenses qu'elle fait pour le ménage et les dépenses qu'elle fait sont présumées telles.

Il devait en être à peu près de même à Rome pour l'esclave commerçant, il faut ajouter que dans les cités antiques, même dans les plus vastes, on se connaissait mieux qu'aujourd'hui. Cette dernière considération ne s'applique pas à l'esclave qui fait le commerce maritime, mais pour lui aussi, la loi était plus large (1).

Enfin le tiers qui traitait avec l'esclave commerçant n'était pas privé de toute action contre le maître, quand bien même les deux conditions requises pour qu'il ait l'action *institoria* eussent fait défaut : il avait d'abord contre le maître l'action *de in rem verso* comprenant le profit tiré par le maître de l'opération de son esclave, action générale, qui domine tout le droit romain et n'est pas spéciale au commerce, action qui, elle aussi, est subordonnée à une condition,

(1) Le préposé à un commerce maritime peut se substituer un tiers, — l'action exercitoire atteint la personne en puissance de laquelle se trouve le préposant, si le préposant n'est pas *sui juris*.

l'*in rem versum,* et qui peut ne rien donner ou ne pas donner le montant total de ce qui est dû au tiers qui a traité avec l'esclave. Nous n'insisterons donc pas sur cette action.

Au contraire l'action *de peculio* présente un caractère plus particulièrement commercial, sans l'être toutefois exclusivement comme l'action *institoria.* Nous avons cherché à montrer dans la première partie que l'esclave préposé avait, presque toujours, un pécule, proportionné même à l'importance de son commerce, nous en avons dit l'utilité pour le maître lui-même ; bien plus grande en était l'utilité pour les tiers qui traitaient avec l'esclave. L'action *de peculio* était pour eux comme une troisième ressource : que l'esclave ait agi en dehors des limites de sa préposition ou que le maître l'ait révoqué, l'action *institoria* n'a point lieu ; que l'esclave ait gaspillé ce que le tiers lui a fourni, l'action *de in rem verso* ne donnera rien ; mais l'action *de peculio* subsistera toujours à l'arrière plan, *qui cum servo contrahit universum peculium ejus, veluti patrimonium intuetur* (D. XV, 1, 32, p.). Le maître, pour s'y dérober, n'aurait qu'un moyen : retirer le pécule ; en dehors de ce cas, il ne peut le soustraire à l'action des créanciers, c'est ce que disent expressément trois textes que nous avons déjà commentés : les lois 29, § 1 ; 47, p. (D. XV, 1) et 11, § 2, (D. XIV, 3).

Encore le retrait du pécule ne peut-il être opéré

par le maître en fraude des droits des créanciers : summa cum ratione etiam hoc peculio Praetor imputabit, quod dolo malo domini factum est, quo minus in peculio esset. Sed dolum malum accipere debemus, si ei ademit peculium (D. XV, 1, 21 p.); le texte va même plus loin, le maître doit, jusqu'à un certain point, surveiller son esclave dans sa gestion du pécule : sed et si eum (l'esclave) intricare peculium in necem creditorum passus est, Mela scribit, dolo malo ejus factum. Enfin le maître ne peut récuser l'action *de peculio* : si dominus recuset de peculio actionem, non est audiendus : sed cogendus est, quasi aliam quamvis personalem actionem suscipere (D. XV, 1, 21, § 4).

Il y a donc là pour les tiers une certaine sécurité, néanmoins dans l'évaluation du pécule le maître déduira tout ce qui lui est dû, et tout ce qui est dû aux personnes sous sa puissance ou dont il administre les biens. Il pourra donc se faire que le pécule devienne insuffisant pour payer les tiers créanciers, de plus les créanciers de l'esclave seront payés sur les valeurs du pécule ainsi réduites au fur et à mesure qu'ils obtiendront condamnation, les derniers venus pourront donc n'être pas couverts. Enfin l'action *de peculio* ne dure qu'un an après l'extinction du pécule : quamdiu servus in potestate est, de peculio actio perpetua est : post mortem autem ejus, vel postquam manumissus, alienatusve fuerit, temporaria esse incipit, id est, annalis (D. XV, 2, 1, § 1).

On voit par ces quelques mots, combien le dernier refuge des créanciers de l'esclave est encore précaire; peut-être l'était-il moins qu'il ne nous le semble tout d'abord : le retrait du pécule devait être un fait rare. La situation de l'esclave, et par suite celle de ses créanciers, qui nous paraît si instable en théorie, était plus stable dans la réalité, c'est bien ici qu'on peut dire que les mœurs faisaient plus que les lois. Tout ce que nous avons cherché à établir dans la première partie tend à le prouver, non seulement le maître ne retirait pas le pécule à son esclave, mais il le lui laissait en l'affranchissant. Les grandes familles, relativement peu nombreuses, qui employaient leurs esclaves au commerce, exploitaient par eux diverses industries ; le tort fait aux créanciers de l'un eût été vite connu et eût nui à tous les autres ; le commerce était ainsi centralisé, tous ces pécules, confiés à des esclaves différents, exploités de manières si diverses, étaient les éclats d'un même patrimoine, toujours en mesure de les garantir, de les soutenir et intéressé à leur prospérité.

Tout ce que nous avons dit de l'esclave préposé s'applique à l'affranchi préposé, sauf ce qui a trait à l'action *de peculio*, puisque l'affranchi n'a pas de pécule. Toutefois il a sa fortune personnelle, son ancien pécule le plus souvent, et le tiers qui a traité avec lui en dehors des conditions requises pour avoir contre son patron l'action *institoria*, aura contre lui une action directe.

Esclave entrepreneur.

L'esclave préposé se rattache étroitement à son maître, qui est en quelque sorte pour lui un associé en nom collectif, il l'engage directement et pour le tout par ce qu'il fait dans les limites de ses attributions. L'esclave entrepreneur (c'est-à-dire celui qui fait le commerce avec son pécule) est plus indépendant du maître, qui n'est en quelque sorte pour lui qu'un commanditaire, il n'engage que son pécule, mais par contre il l'engage plus complètement que l'esclave préposé ne pourrait le faire. Le droit de privilège du maître n'existe plus ici, le maître ne peut pas intervenir dans le commerce de son esclave, il n'a qu'un devoir : celui d'être le syndic de sa faillite et de répondre des fautes qu'il commettrait dans l'exercice de ces fonctions.

Cette combinaison expose donc moins le maître que la précédente, mais, par contre, les bénéfices qu'il en retire doivent être moindres, elle convient bien aux petites entreprises, c'est une manière ingénieuse de permettre à un esclave d'augmenter son pécule, augmentation qui lui profitera d'abord directement et dont le maître ou sa famille profiteront aussi dans une certaine mesure, sans supposer que le maître retire à l'esclave le pécule grossi, mais par le simple jeu de la succession des patrons aux affranchis. En tous cas le maître gratifie, récompense son esclave et se réserve quelques chances de gain, en limitant ses risques à une somme fixe.

Le maître, au contraire, profite directement des bénéfices de son esclave préposé. Il faut noter toutefois que cet esclave ayant un pécule, ce pécule doit s'alimenter et se grossir de certaines parties des bénéfices que le maître laisse ainsi à son esclave, sans cependant les perdre pour toujours, puisqu'il peut espérer dans l'avenir une part de ce pécule. Par contre le maître expose toute sa fortune, sans limiter ses risques.

La situation prévue par les lois 11, § 2 (D. XIV, 3) et 29, §§ 1 et 47, p. (D. XV, 1) devait être exceptionnelle, l'esclave en effet y conserve la qualité de préposé, tous les bénéfices vont à son maître ; d'autre part il ne peut plus l'obliger que *de peculio* (et *de in rem verso*, bien entendu), le maître limite donc ses chances de perte, sa situation est meilleure à ce point de vue même qu'au cas où l'esclave fait le commerce avec son pécule, car il conserve sur le pécule le droit de préférence pour ses créances, droit qui disparaît au cas d'action *tributoria*.

Dans ces conditions le crédit de l'esclave devait être très faible, c'était un acte de défiance, une manière probablement de liquider une entreprise peu lucrative ou mal conduite, l'esclave continuait l'exploitation dont le profit allait au maître, mais ne pouvait plus engager de nouvelles affaires, faute de crédit ; c'est ce qui paraît résulter de toutes les précautions exigées par la loi 11, §§ 3, 4 (D. XIV, 3) pour prévenir les tiers de cette situation.

Il faut *proscribere palam* : NE CUM EO CONTRAHATUR. *Proscribere palam* sic accipimus, claris litteris, unde de plano recte legi possit, aute tabernam scilicet vel ante eum locum, in quo negotiatio exercetur, non in loco remoto, sed in evidenti. Litteris utrum græcis, an latinis ? Puto secundum loci conditionem : ne quis causari possit ignorantiam litterarum : certe, si quis dicat ignorasse se litteras vel non observasse quod propositum erat, cum multi legerent, cumque palam esset propositum, non audietur. Proscriptum autem perpetuo esse oportet. Cœterum si per id temporis, quo propositum non erat, vel obscurata proscriptione, contractum sit, institoria locum habebit. Proinde si dominus quidem mercis proscripsisset, alius autem sustulit, aut vetustate vel pluvia, vel quo simili contingit, ne proscriptum esset, vel non pareret, dicendum eum qui præposuit teneri. Sed si ipse institor decipiendi mei causa detraxit, dolus ipsius præponenti nocere debet, nisi particeps doli fuerit, qui contraxit.

L'action *tributoria* ou plutôt la *tributio* a un caractère exclusivement commercial, car ce qu'il y a de plus commercial, c'est l'absence même d'action. Voici la situation de l'esclave entrepreneur : l'esclave a un pécule, il le consacre en tout ou en partie à un commerce, le maître y consent ou plutôt, suivant les fines expressions d'Ulpien, il a *non voluntatem, sed patientiam : non enim velle debet dominus, sed non nolle* (D. XIV, 4, 1, § 3) ce qui veut dire en bon français « qu'il ferme les yeux », la partie du pécule consacrée au commerce par l'esclave lui sert à acheter des marchandises, à louer une boutique, à la garnir du mobilier nécessaire, à acquérir des esclaves qui l'aideront et qui même pourront être, par rapport à lui, des préposés : parvi refert cum ipso servo contrahatur, an cum institore ejus (D. XIV, 4, 5, § 3) ; ainsi le pécule tout entier ou une partie du pécule de l'esclave est manifesté au public, est rendu visible aux yeux des tiers ; ceux-ci traitent avec l'esclave sur la foi de ce qu'ils voient, aucune action ne leur est donnée, pas même une action *adjectitiæ qualitatis*, pour se faire payer ; du moins les textes n'en laissent voir aucune trace (1), et en effet ils ne sauraient avoir d'action contre le maître qui, par cette combinaison veut se tenir en dehors du commerce fait par son esclave, ils ne peuvent en avoir contre l'esclave qui est incapable de s'obliger, autrement que naturellement,

(1) Ils ont bien l'action *de peculio* ; mais, s'ils en usent, le maître exercera son privilège de déduction.

et cependant un tel système a fonctionné. Est-ce à dire que toutes les opérations se faisaient au comptant ? Nous ne le pensons pas ; le commerce ne se conçoit pas sans le crédit, crédit plus ou moins long évidemment, les mœurs, les intérêts bien entendus faisaient que l'esclave s'acquittait de ses obligations, bien qu'aucun moyen de contrainte ne pût s'exercer contre lui, du moins à notre connaissance.

Il faut ajouter que le maître, et probablement aussi le préteur, surveillaient de plus ou moins près ce commerce. Quand ils estimaient que le passif dépassait l'actif, le maître reprenait le pécule pour le distribuer au marc le franc entre les divers créanciers, c'était une sorte de faillite dont il était le syndic obligé.

On admettait pourtant que le maître cédât le pécule ou la partie commerciale du pécule et se déchargeât ainsi des embarras de la liquidation, le préteur nommait alors un arbitre (pourquoi ne dirions-nous pas un *liquidateur judiciaire*?) : arbitrum in hanc rem Prætor debebit dare, cujus interventu tribuantur merces peculiares (D. XIV, 4, 7, § 1). Les ressemblances avec l'organisation de la faillite actuelle sont frappantes en effet : celui qui a confié à l'esclave sa marchandise à vendre et n'a pas été payé, peut la revendiquer si elle se trouve encore en nature chez l'esclave (loi 5, § 18, — 575, C. com., pour les cas de consignation) ; les créances de l'esclave contre des tiers doivent être réparties à mesure qu'elles sont recouvrées (loi 5, § 12, — 485, C. com.); les créanciers privilégiés passent avant les autres sur la marchandise qui constitue leur gage (loi 5, § 8, — 546, C. com.); entre tous les autres créanciers la répartition se fait au marc le franc : tributio autem fit pro rata ejus quod cuique debeatur (loi 5, § 19, — 565, C. com.); le créancier doit donner caution de rapporter ce qu'il aurait reçu de trop, si quelqu'autre créancier retardataire se présentait (loi 5, § 19, — 567, C. com., à condition qu'il ait produit). Ici donc plus de droit de préférence pour le maître ou pour les siens, égalité entre tous les créanciers. Le commerce a fait fléchir toutes les vieilles règles ; en devenant commercial, le pécule a dépouillé son ancien caractère de dépendance vis-à-vis du patrimoine du maître.

Mais jusqu'ici encore, pas d'action, tout est laissé à la bonne foi, la répartition (*tributio*) se fait à l'amiable, peut-être le préteur intervient-il, mais à titre officieux ou gracieux. L'action *tributoria*, contrairement à ce que son nom semble indiquer, n'est qu'une action en responsabilité contre le maître en tant qu'il aurait manqué à ses devoirs de syndic et qu'il en serait résulté un préjudice pour un ou plusieurs créanciers.

Cette action suppose un dol, dolum malum coercet domini (D. XIV, 4, 7, § 2), dans les opérations de la liquidation (avoir omis un créancier, avoir attribué plus à l'un qu'à l'autre, avoir nié la qualité de créancier de quelqu'un, avoir laissé dépérir ou avoir détourné les marchandises, les avoir vendues à vil prix, n'avoir pas exigé le paiement des acheteurs, — loi 7, §§ 3, 4) et cependant l'action : *rei persecutionem continet... quamvis non aliter, quam dolo interveniente competat* (loi 8), aussi les héritiers du maître en sont-ils passibles dans la mesure du profit qui leur est parvenu : perpetuo teneri..... propter factum defuncti.

Ainsi le commerce de l'esclave entrepreneur doit se liquider normalement sans action, de même qu'il s'exerçait sans action ; l'esclave agissait comme un individu *sui juris*, seulement il ne pouvait ni poursuivre, ni être poursuivi en justice : il faut croire que la chose était inutile. Quand il apparaissait que l'actif ne couvrait plus le passif, le maître, ou à son défaut un arbitre, procédait à une répartition égale entre les créanciers, mais le maître agissait là comme liquidateur, non comme maître, il n'avait aucun privilège. L'action *tributoria* avait pour but, non pas d'obtenir cette répartition, mais d'en assurer l'exactitude et de la rectifier en cas de dol de la part du maître. Cette organisation à part était le résultat du commerce, la preuve c'est qu'elle ne s'appliquait pas à la partie non commerciale du pécule, sur celle-là le maître conservait tous ses privilèges.

Jamais l'action *tributoria* ne concoure avec l'action *institoria* (1), les situations auxquelles elles correspondent étant profondément différentes : l'action *institoria* s'appliquant à l'esclave préposé, l'action *tributoria* à l'esclave entrepreneur. Mais de même que les actions *institoria* et *de peculio* peuvent sinon concourir, du moins être possibles dans un même cas, de même les actions *tributoria* et *de peculio* peuvent coexister, c'est au tiers créancier à choisir : eligere quis debet qua actione experiatur, utrum de peculio an tributoria, cum scit sibi regressum ad aliam non futurum (D. XIV, 4, 9, § 1). L'action *de peculio* sera plus avantageuse, si le commerce de l'esclave ne s'exerce pas avec *tout* le pécule et si le maître n'est pas créancier de fortes sommes ; l'action *tributoria* est préférable dans le cas contraire, à condition toutefois qu'il n'y ait pas trop de créanciers venant en concours, car l'action *de peculio*, intentée et *jugée* rapidement, permettait de les primer : in actione de peculio occupantis melior est conditio (D. XV, 1, 10) (2).

(1) On *exercitoria*.

(2) L'action *de peculio* peut être intentée plusieurs fois, si le pécule s'est augmenté.

CONCLUSION

Nous n'entrerons pas dans plus de détails sur ces actions qui comporteraient de très longs développements, peut-être en avons-nous dit assez pour laisser entrevoir, derrière ces actions, les mœurs commerciales qui, mieux qu'elles et plus qu'elles, rendaient possible le commerce.

Qu'il s'agisse des rapports du maître avec son esclave ou de ses rapports avec les tiers, les règles juridiques sont peu nombreuses et le plus souvent en opposition avec ce que réclamerait l'intérêt du commerce et cependant une vie commerciale intense, circule dans presque toutes les pages du Digeste, cachée le plus souvent, saisissable dans des exemples ou dans des fragments de testament, rapportés là comme par hasard, éclatant aussi quelquefois comme dans les livres XIV et XV.

Le droit commercial était, pour ainsi dire, coutumier, mais il existait, le préteur devait y présider en souverain (nous l'avons vu, tant pour les rapports de l'esclave avec le maître, que pour ceux de l'esclave avec les tiers) la preuve, c'est que nous n'avons emprunté nos textes qu'au Digeste, c'est donc bien du droit, ce n'était pas des lois.

Quelles conclusions tirer de cette étude ?

Au point de vue économique, nous admirerons la souplesse avec laquelle les Romains firent de l'esclave, que la loi semblait avoir si mal formé pour le commerce, un instrument merveilleux, suppléant ainsi à ce qu'ils ne savaient pas ou ne voulaient pas faire.

Ce rôle commercial des esclaves est, croyons-nous, un trait particulier et original du monde romain. Chez les Phéniciens, les Grecs ou les Carthaginois, l'esclave est, quant au génie commercial, l'égal de son maître, il est donc naturel que ce dernier, plus riche et mieux instruit, sans préjugé à l'égard de la profession commerciale, dirige lui-même les entreprises. Chez les peuples modernes, là où l'esclavage a existé, là où il existe encore, l'esclave est inférieur à son maître, il ne lui rend en général que des services manuels. A Rome l'esclave était supérieur au maître, supérieur au point de vue commercial, bien entendu, les esclaves étant pour la plupart d'origine orientale, comme l'atteste ce que les auteurs nous disent de leur religion ; de plus le maître dédaignait le commerce, l'esclave avait le champ libre ; c'est ce qui explique le nombre des esclaves employés au commerce. Par leurs esclaves les riches romains devenaient des commerçants puissants ; ils possédaient les capitaux, ils avaient cette rigueur dans la comptabilité, cette précision dans le droit, cet esprit de suite qui aident tant au commerce et qui faisaient peut-être un peu défaut aux Grecs plus aventureux. Ils avaient un champ d'opération infiniment plus vaste qu'eux, « quelle facilité n'apportait pas à la navigation et au commerce cette merveilleuse union de tous les peuples du monde sous un même empire? » (1). Ils suppléaient à la seule chose qui leur manquât et qu'ils ne pouvaient se donner, à savoir : la souplesse, le flair commercial, en se servant comme d'instruments de ceux qui possédaient ces qualités et en tirant d'eux un parti que ceux-ci abandonnés à eux-mêmes, n'en eussent peut-être pas tiré.

Au point de vue social, nous constaterons qu'une classe importante d'esclaves (très importante à en juger par les textes) n'était pas dans cette situation précaire et misérable où l'on se plaît trop à représenter *tous* les esclaves. On juge de l'esclavage tout entier par les esclaves agriculteurs, domestiques ou gladiateurs; à peine signale-t-on, en quelques lignes, les esclaves commerçants, leur place était considérable et leur situation bien meilleure. Il ne faudrait pas tomber dans l'excès contraire et juger de tous les esclaves par ceux dont nous avons parlé; dans la classe même de ceux qui nous ont occupé rentrent tous les *vicarii* soumis à l'esclave commerçant; leur sort devait être dur, éloignés du maître et sous la domination, toujours bien plus terrible, d'un inférieur.

(1) Bossuet, *Discours sur l'histoire universelle*, 3e partie, chap. VI.

Toutefois il faut savoir gré au commerce d'avoir adouci, en dépit des lois et des passions, la situation de tant d'esclaves. Le commerce, que le maître regardait comme l'abaissant et l'égalant à l'esclave, a relevé l'esclave et l'a presque égalé au maître. On a vu là, comme dans bien d'autres occasions, que le commerce est, après la religion, la plus grande force de la civilisation.

DROIT FRANÇAIS

DE LA

SITUATION DES OBLIGATAIRES

AU CAS DE FAILLITE OU DE LIQUIDATION JUDICIAIRE

DE LA SOCIÉTÉ

DROIT FRANÇAIS

DE LA SITUATION DES OBLIGATAIRES AU CAS DE FAILLITE OU DE LIQUIDATION JUDICIAIRE DE LA SOCIÉTÉ

INTRODUCTION

Quelles qu'aient été les transformations survenues dans les idées, il est resté quelque chose du dédain, de la suspicion dans lesquelles le commerce a toujours été tenu. Ceux qui occupent une certaine situation ou un certain rang n'ont jamais aimé à être qualifiés de commerçants ; sans le commerce cependant, quel parti pourraient-ils tirer de leurs capitaux? L'agriculture ne leur fournit pas de débouchés ni surtout une rémunération suffisante ; les grandes entreprises commerciales seules, en exposant à beaucoup de risques, permettent d'espérer de forts bénéfices. Ceux même qui exercent des professions libérales, souvent peu lucratives, ont besoin de trouver des placements fructueux pour leurs capitaux disponibles.

Les grandes entreprises commerciales de leur côté réclament d'importants capitaux et ceux qui sont les plus disposés à s'y consacrer, en manquent : comment la jonction va-t-elle s'opérer entre ces deux classes d'hommes qui se complètent ?

A Rome, le capitaliste se retranche derrière son esclave, l'esclave seul devient commerçant, il agit; le maître fournit le capital, les bénéfices se partagent, et le bénéfice suprême pour l'esclave, c'est l'obtention de la liberté.

Aujourd'hui, les capitalistes se retranchent, non plus derrière un être vivant, mais derrière un être fictif; lui seul devient commerçant, lui seul encourt avec le titre les dangers auxquels il expose. Derrière cette fiction des légions de capitalistes, grands et petits, sont abrités, mais il ne faut pas croire qu'ils échappent à tout risque pour cela. Telle est la combinaison réalisée par les sociétés par actions.

Leur capital est fourni par deux sortes de personnes : les actionnaires et les obligataires. Entre eux il y a ce point de ressemblance qu'ils fournissent le capital de l'entreprise, mais entre eux aussi il y a de profondes différences qu'il convient, suivant nous, de laisser subsister. Les deux titres répondent en effet à des besoins différents : l'actionnaire se mêle davantage à l'entreprise, il lui donne le concours de son argent, mais aussi de ses connaissances ; il la surveille ou du moins il doit la surveiller, il s'expose à perdre tout ce qu'il a donné, mais il ne limite pas les bénéfices qu'il peut en retirer. L'obligataire au contraire reste totalement étranger à la société, il est absorbé par d'autres soucis ou tout à fait incapable de lui donner un concours personnel utile, il ne s'y rattache que par le capital qu'il lui a fourni, il court des risques moindres que l'actionnaire, puisque le capital-actions est sa garantie, mais il n'a droit qu'à une rémunération fixe, quel que soit le succès de l'entreprise.

Nous ne comptons nous occuper dans ce travail que des obligataires, et même des obligataires dans une situation spéciale : au cas de faillite de la société emprunteuse. Deux raisons nous ont amené à restreindre ainsi notre sujet : c'est d'abord que, si la loi est muette à l'endroit des obligataires, il y a déjà des études sur les obligations, en particulier sur leur émission, leur nature juridique, leur rôle économique, leur condition fiscale... (1), mais, dans tous ces ouvrages, l'hypothèse de la faillite de la société dé-

(1) Buot de l'Épine, *De l'emprunt par voie d'obligations*. — Thèses de MM. Berr, Lenfantin (Paris), Aubry (Dijon). — *Annales de droit commercial*, 1894, article de M. Thaller. — Brochure de M. Otlet, *Des obligations au porteur* (Belgique). — Le projet de loi de 1884 consacrant un titre aux obligations a provoqué une foule de livres et de dissertations sur le sujet que nous signalerons en nous occupant de ce projet.

bitrice est laissée dans l'ombre ; on parle bien de la question spéciale soulevée par la présence de primes ou de lots, mais pour le reste, on renvoie aux textes généraux sur la faillite.

Ces textes sont-ils suffisants pour résoudre équitablement une situation qu'ils n'ont pas prévue et n'ont pas pu prévoir? Des exemples tout récents ont singulièrement mis en relief les lacunes de la loi ; la pratique a essayé de les combler, dans quelle mesure y a-t-elle réussi, c'est ce que nous voudrions chercher?

En dehors du monde de la pratique, celui de la théorie s'est préoccupé depuis longtemps de la situation des obligataires ; après chaque crise, après les grandes faillites qui en sont la conséquence, on s'émeut des pertes subies par les obligataires, des accidents qui engloutissent tant de petites et si respectables épargnes. En 1884, on a été jusqu'à proposer un projet de loi consacrant un titre aux obligations, mais ce qui nous a surpris en lisant tous les articles publiés sur ce sujet, en suivant toutes les discussions qu'il a provoquées, en étudiant le projet de loi qu'il a inspiré, c'est que nulle part il n'était question de l'hypothèse de la faillite de la société; or c'étaient des faillites répétées qui étaient la cause de tout ce mouvement, et dans tant d'écrits et tant de discours le mot faillite n'était pas même prononcé. En réfléchissant, on revient de cette première surprise : au lieu de régler la faillite des sociétés, de la rendre plus douce aux obligataires, on avait voulu faire mieux, on avait pensé la prévenir.

Le projet de loi n'ayant pas été voté définitivement, il est impossible de dire qu'on n'a pas réussi, mais il est permis de douter qu'on eût réussi : cela ressort d'abord de l'étude des dispositions même qu'on proposait ; nous verrons combien elles étaient compliquées et illusoires ; cela ressort mieux encore de l'étude des législations étrangères qui, elles, ont adopté beaucoup des mesures proposées en France. Le lecteur sourirait sans doute si nous lui vantions les législations d'Italie, d'Espagne et de Portugal comme assurant le mieux la situation des obligataires.

C'est que, d'après nous, on a fait fausse route : prévenir le mal est très bien, mais encore faut-il que ce soit possible ; or, ici c'est impossible, telle a été la conclusion de la Société de législation comparée (1). En effet : — ou il faut soumettre l'émission des obligations à des prescriptions minutieuses et surveiller étroitement les sociétés pour qu'elles ne les éludent pas ; la mesure ne serait efficace qu'en revenant au système de l'autorisation du gouvernement, or les inconvénients d'un pareil système ont été depuis longtemps signalés et reconnus ; — ou il faudrait établir un contrôle sérieux des intéressés eux-mêmes, c'est-à-dire des obligataires, or ce contrôle est impossible

(1) *Bulletin de la Société*, 1875, p. 251 et 328.

pour les raisons que nous avons dites : les obligataires ne peuvent pas et ne veulent pas l'exercer, en France surtout « où l'abus de tous les droits fait si aisément place à l'oubli de tous les devoirs (1) » ; à l'étranger, en Amérique notamment, des Compagnies se chargent de cette surveillance ; en France, de tels rouages ne fonctionneraient pas à l'avantage des intéressés, c'est ce qui a été reconnu du reste par tous les hommes pratiques.

Nous voilà, dira-t-on, bien loin de notre sujet et de l'hypothèse de la faillite, il n'en est rien, nous y touchons au contraire : si le mal ne peut être prévenu, il faut chercher à le guérir et à le réprimer, or le mal pour les obligataires, c'est la faillite. Jusque-là les affaires de la société leur importent peu, gens de tout repos, ils sont jaloux de leur quiétude et, pourvu qu'on paie leurs coupons, ne se préoccupent guère de la marche des affaires sociales. Vouloir leur donner des droits de surveillance plus ou moins semblables à ceux des actionnaires, c'est méconnaître le caractère spécial de leurs titres ; mais vienne la faillite, tout change, ils se réveillent et leur agitation égale leur placidité de tout à l'heure. Il y a alors des scènes indescriptibles sur lesquelles nous n'avons pas ici à insister, disons seulement que le conseil d'administration de la société faillie y trouve très bien

(1) Arnault, *Rapport de la commission extra-parlementaire* pour le projet de loi sur les sociétés, p. 133.

son compte. La loi, en ne prévoyant pas l'hypothèse de la faillite d'une société anonyme, a laissé place à l'arbitraire le plus complet ; les habiles ne manquent pas de profiter de la situation et les obligataires, fatigués de tant de tracas, las de tant de déboires, isolés, sans conseil, sans action, se résignent à leur mauvaise fortune, heureux de retrouver le calme qu'ils n'eussent jamais voulu perdre.

N'est-ce pas là que les auteurs et les législateurs auraient dû faire porter leur effort ? Organiser la faillite était un devoir, puisqu'on ne pouvait l'empêcher ; n'était-ce pas même jusqu'à un certain point un moyen de la prévenir ? En la rendant plus dure pour les administrateurs et les actionnaires, on provoquait leur vigilance et leur prudence, sans accumuler contre eux, souvent pour des vétilles, des menaces plus propres à éloigner les honnêtes gens qu'à empêcher les désastres. Combien de mesures ont été prises, combien de lois votées pour réglementer la formation des sociétés par actions ; mais pour leur faillite, rien. Il semble que, si rigoureusement constituées, elles soient inébranlables ; l'expérience a cependant bien des fois prouvé le contraire. Mais d'après quelles règles organiser la faillite des sociétés ?

Des exemples récents ont montré les difficultés que soulève la présence d'obligataires en face d'une société faillie. Sans parler de l'affaire du Panama qui a un caractère tout particulier, les liquidations judiciaires de la Compagnie française des chemins de fer de la province de Santa-Fé, du Crédit foncier colonial et de la Compagnie française des chemins de fer argentins, sur lesquelles le hasard nous a permis d'avoir quelques renseignements, ont révélé l'incertitude qu'on éprouve devant une situation que la loi ne paraît pas prévoir et que la doctrine n'a guère envisagée jusqu'ici. Si les liquidations judiciaires des chemins de fer de Santa-Fé et des chemins de fer argentins se rapportent à des entreprises similaires, placées dans des conditions analogues, celle du Crédit foncier colonial nous transporte dans un tout autre ordre d'opérations ; nous verrons cependant que des situations si différentes ont été réglées par des procédés semblables, qu'il s'est formé une sorte de jurisprudence ou plutôt de pratique capable de s'appliquer presqu'à toutes les faillites de sociétés qui se trouveront en présence d'obligataires (1).

Nous avons cherché dans ce travail, en lui conservant un caractère de généralité, à dégager la théorie d'où procède ou plutôt que suppose cette pratique suivie confusément, mais avec persévérance ; peut-être y aurait-il là quelques indications utiles au législateur. Ce que la pratique a tenté, même à tâtons,

(1) Le concordat qui vient d'être accordé à la société des chemins de fer de Jaffa à Jérusalem en est une nouvelle preuve. Nous pourrions citer les *convenio* des chemins de fer de l'ouest de l'Espagne, de Madrid-Cacéres et des chemins portugais où les mêmes procédés sont employés. Ajoutons le canal de Corinthe.

est peut-être bon à connaître, et si le législateur se contentait de rectifier, de préciser, de faciliter cette pratique irrégulière, hésitante et confuse, il ferait peut-être une œuvre plus durable et plus sûre qu'en imitant les lois faites pour d'autres pays ou en inventant des règles peu conciliables avec la liberté nécessaire au commerce.

Toutefois il est une idée que nous tenons à signaler dès le début. On se demandera peut-être pourquoi nous n'avons pas parlé d'hypothèses assez voisines de celle de la faillite (1), celles de la liquidation ou du rachat de la société, c'est que nous voyons entre elles une profonde différence : la liquidation, le rachat, mettent fin à la société, tandis que, d'après nous, contrairement à ce que beaucoup ont pensé, la faillite d'une société ne doit être, le plus souvent du moins, qu'un accident passager et non un coup de mort, c'est donc par le concordat que la faillite devra se terminer le plus souvent, l'union serait une ruine pour tous ; nous tâcherons de le prouver au cours de cette étude. Disons seulement que si l'union des capitaux a permis d'entreprendre de si grands travaux, la persistance de cette union permet seule de les achever, la loi des faillites doit tendre à cette fin. Il n'est pas juste de congédier celui qui a confié son argent à une grande entreprise avec un dividende mesquin

(1) A laquelle nous assimilons la *liquidation judiciaire*.

provenant de la vente hâtive de travaux inachevés ou d'une concession encore improductive, d'autres profiteront de ces travaux commencés et surtout de l'expérience acquise et, sans avoir risqué autant, recueilleront infiniment plus. Combien d'entreprises brillantes ont traversé des phases critiques et récompensent aujourd'hui ceux qui les ont soutenues à leurs débuts de leur confiance et de leur persévérance. Si l'œuvre demande plus de temps, les descendants profiteront du placement de leurs pères, l'espoir même du succès sera escompté et les porteurs de titres en bénéficieront par avance. Si, en élargissant dans l'espace la base des sociétés, en leur permettant de faire appel aux capitaux de tout un pays et même de tous les pays, on leur a communiqué tant de force, combien plus leur en donnera-t-on en étendant leur durée dans le temps et en rendant, non plus seulement des hommes, mais des générations d'hommes solidaires; — pour cela, il faut que la Parque de la faillite ne soit pas toujours là, prête à couper le fil de la destinée des sociétés.

PREMIÈRE PARTIE

DIFFÉRENCES, EN CAS DE FAILLITE, ENTRE LA SITUATION DES OBLIGATAIRES D'UNE SOCIÉTÉ ET CELLE DES CRÉANCIERS D'UN COMMERÇANT.

Obligataires et *faillite* tels sont les deux termes de notre sujet. Dès lors là où il n'y a pas faillite, les questions relatives aux obligataires seront laissées de côté : ainsi l'État (1), les départements, les communes émettent des obligations, mais ne peuvent tomber en faillite, n'étant pas commerçants ; peut-on même dire qu'ils tomberaient en déconfiture ? En tous cas, la question serait réglée législativement et non pas d'après les principes du droit commun. Ne rentre pas non plus dans le cadre de cet exposé le sort des obligataires au cas d'une société en liquidation, nous supposerons toujours une perte, un accident amenant la faillite ou la liquidation judiciaire (2)

(1) Les rentes 3 0/0 amortissables émises par l'État depuis 1878 ne sont que des obligations.

(2) Nous prévenons une fois pour toutes que nous ne répéterons pas chaque fois les mots : *liquidation judiciaire*, il faudra donc les sous-entendre après le mot faillite.

et la possibilité d'un concordat remettant la société à la tête de ses affaires, or une société qui liquide peut-être *in bonis*, en tous cas elle ne se propose pas de continuer l'exploitation. Par contre, là où il y a faillite d'une société, mais sans obligataires, nous n'aurons rien à dire : les sociétés en nom collectif, en commandite sont dans ce cas, notre sujet se ramène donc aux seules sociétés anonymes, parmi celles-ci les banques, les sociétés d'assurance n'émettent pas d'obligations, nous n'aurons pas à nous en occuper. Il s'agira donc uniquement de sociétés anonymes, industrielles ou commerciales, parmi celles-ci sont les chemins de fer, nous signalerons ce qu'il peut y avoir de particulier pour eux dans chaque cas, mais nous nous efforcerons d'employer le plus souvent des termes généraux applicables à toutes ces sociétés anonymes commerciales, afin de présenter une théorie d'ensemble applicable, autant que faire se pourra, à tous les cas.

La loi du 1er août 1893 a singulièrement facilité notre tâche en déclarant commerciales, ce qui les rend sujettes à la faillite, les sociétés civiles à forme commerciale (art. 6) ; or, en fait, une société civile qui aura des obligataires revêtira toujours cette forme.

On coupera court par là aux difficultés inextricables, résultant de l'impossibilité de déclarer ces sociétés en faillite (1). Est-il besoin de rappeler

(1) Toutefois la loi de 1893 n'ayant pas d'effet rétroactif (c'est

l'exemple de la société civile de Panama ? L'intervention du législateur pour une affaire spéciale déterminée n'a que trop prouvé l'insuffisance de nos lois. Pareille aventure serait arrivée pour le Crédit foncier colonial, si le tribunal de commerce (nous allions dire le préteur) n'avait déclaré commerciale cette société civile, *utilitatis causa*, sous prétexte qu'elle avait dû se rendre adjudicataire d'immeubles sur lesquels elle avait prêté et se livrer à l'exploitation de ces immeubles (c'étaient des établissements sucriers), on avait modifié les statuts en ce sens.

Quant au mot *obligation*, le langage courant lui prête un sens bien net, une définition juridique serait peut-être plus difficile à en donner (1) : nous dirons simplement que l'obligation est une créance négociable à terme très long et incertain, nous ajouterons que cette créance n'est pas isolée, qu'elle est contractée sinon en même temps, du moins en relation avec beaucoup d'autres, de manière à ce que l'ensemble de ces créances séparées, identiques dans la forme, constitue un capital important, susceptible

ce qui ressort des travaux préparatoires et de la rédaction de l'article 6 où le futur a été substitué au présent, *malgré* l'argument qu'on pourrait tirer de l'article 7 *in fine*, dont la rédaction n'a pas été modifiée, pour dire que la loi a un effet rétroactif et que les société civiles à forme commerciale sont commercialisées par elle *de plein droit*) les difficultés auxquelles nous faisons allusion peuvent encore se poser, elles se posent en ce moment pour la société des Immeubles de France.

(1) Le congrès international des sociétés par actions de 1889 s'y est refusé. *Compte rendu sténographique*, p. 179.

d'un emploi industriel, commercial ou civil, si la société, commerciale dans la forme, ne fait que des opérations civiles (achats de terrains, mines, par exemple), mais conforme au but social.

On pourrait nous objecter les obligations émises *au robinet*, c'est-à-dire mises en vente par les Compagnies de chemins de fer, au cours de la bourse ; si l'on étudie les comptes des Compagnies on se convainc qu'elles ont aussi le caractère signalé plus haut : en effet la Compagnie estime à tant la dépense nécessaire pour la construction d'une ligne nouvelle, elle crée de suite en bloc le nombre d'obligations nécessaires pour couvrir cette dépense, mais n'émet que le nombre d'obligations nécessaires pour couvrir les dépenses d'une année ; la ligne demandant peut-être plusieurs années pour être achevée, la Compagnie émettra les obligations au fur et à mesure des dépenses, mais ici même, sous l'émiettement, pour ainsi dire, de l'émission, on retrouve la cohésion de l'opération, la solidarité (nous n'employons pas le mot au sens juridique) qui relie les obligations entre elles. Le tableau d'amortissement établi, dès le premier jour, pour l'ensemble des obligations à émettre en est une preuve, les tirages au sort s'effectuent dès que quelques obligations d'une série ont été émises, si le sort désigne une obligation non émise, la Compagnie se regarde comme en étant preneur, et la dette de la prime s'éteint par confusion (1).

On voit par cet exemple que toute émission d'obligations (2), les apparences fussent-elles contraires, présente un caractère d'ensemble ; les obligataires, sinon par eux-mêmes, du moins par leur argent concourent à une œuvre commune. Ce trait nous paraît d'autant plus important à noter, qu'il crée entre les porteurs un certain lien sur lequel nous aurons à revenir. Le souscripteur d'*une* obligation ne prêterait pas 300 francs à la Compagnie isolément dans les mêmes conditions, il le fait en considération de ses voisins qui eux-mêmes tiennent le même raisonnement que lui, et se disent que toutes ces petites sommes réunies formeront un capital considérable avec lequel la Compagnie pourra opérer des transformations, qui demanderont sans doute du temps, mais deviendront rémunératrices, la preuve c'est qu'on a pu soutenir que, si la souscription n'était pas entièrement couverte, les souscripteurs seraient déliés et

(1) Le projet de budget pour 1895 modifie cette situation : les Compagnies seraient dès lors autorisées à émettre des obligations dont l'Etat garantirait l'intérêt pour se procurer l'argent que l'Etat leur doit d'après les conventions actuelles comme garantie d'intérêt, ainsi l'Etat n'aurait à garantir que l'intérêt des sommes qu'il payait comme garantie, les Compagnies s'en procurant le capital par l'émission d'obligations nouvelles.

(2) Sauf, toutefois, les obligations émises par le Crédit foncier pour se procurer les sommes que lui demande tel ou tel emprunteur, le capital qu'il obtient ainsi est un élément de fonds de roulement et non l'auxiliaire du capital fixe d'une entreprise.

pourraient réclamer le remboursement des sommes qu'ils auraient versées (1).

Faut-il aller plus loin et dire que ce lien intellectuel qui existe entre les obligataires est un lien de droit, peut-on dire que ces co-souscripteurs sont des co-associés ? Nous discuterons plus loin la question, il nous suffit de retenir en ce moment que l'obligation se distingue d'une créance ordinaire parce qu'elle est négociable, par la longueur du terme et son incertitude, par ce fait qu'elle ne se présente jamais isolément, mais qu'elle fait partie d'un tout homogène (2).

Les lois relatives aux sociétés, ne prévoyant pas l'hypothèse de la faillite, il faut se reporter naturellement à la loi sur les faillites, celle-ci ne prévoit pas l'hypothèse d'une société, sauf dans les articles 438, 458, 531, 604 du Code de commerce, encore ne parlent-ils que des sociétés où se trouvent des personnes indéfiniment responsables, et par contre généralement pas d'obligataires, si bien que la question de savoir si une société anonyme pouvait être mise en faillite a pu faire doute. La loi du 4 mars 1889 sur la liquidation judiciaire a supprimé toute incertitude en admettant les sociétés anonymes au bénéfice de la

(1) Lyon-Caen et Renault, *Traité de droit commercial*, t. II, n° 566.

(2) Les *bons* émis par certaines sociétés dans des moments difficiles répondent à cette définition : la période fixée pour leur remboursement, bien que beaucoup plus courte que celle des obligations ordinaires, est cependant beaucoup plus longue que celle des effets de commerce.

liquidation judiciaire (art. 3), dès lors leur faillite est possible aussi, puisqu'il est des cas où la liquidation judiciaire *peut* ou *doit* être transformée en faillite (art. 19). Mais c'est là tout ce que la loi de 1889 dit de la faillite des sociétés anonymes, tout au plus pourrait-on avancer qu'elle s'y adapte un peu mieux que la loi de 1838, d'abord en ce que le dessaisissement n'est pas aussi absolu, le débiteur (ici la Société représentée par ses administrateurs) reste à la tête de ses affaires, il peut même continuer l'exploitation (art. 6), le liquidateur ne fait que l'assister, on atténue ainsi ce qu'il y avait de choquant dans l'omnipotence du syndic : « un homme seul ne peut pas, ne devrait pas même vouloir assumer la charge d'un tel maniement de deniers..., le syndic, à lui seul, ne possède pas les connaissances spéciales nécessaires pour liquider tour à tour avec succès, soit une grande institution de banque, soit une société industrielle, soit une maison de commerce importante, soit une compagnie de chemin de fer. Que signifie son pouvoir autocratique en présence d'affaires exigeant un long et savant apprentissage, une éducation technique dont il est dépourvu ? » (1) Ces graves inconvénients sont un peu corrigés au cas de liquidation judiciaire par la présence du conseil d'administration de la société qui reste en fonctions. En second lieu l'institution de contrôleurs, choisis parmi les créanciers,

(1) R. Stourm, dans l'*Economiste francais*, 12 février 1881.

peut rendre des services particuliers dans les opérations compliquées d'une faillite de société. Enfin la substitution de la majorité des 2/3 en somme à celle des 3/4, disposition applicable comme la précédente au cas de faillite, pour que le concordat soit acquis, est de nature à en faciliter la conclusion, résultat qui nous paraît particulièrement heureux pour les obligataires.

Malgré ces quelques améliorations, pour quiconque n'est pas jurisconsulte, la lacune de nos lois paraîtra immense, pour le jurisconsulte habitué à faire rentrer dans les cas prévus ceux qui ne l'ont point été et à faire tomber sous le coup de la loi ce qu'elle semblait laisser en dehors, il essayera de suppléer au silence de la loi. Nous sommes tout disposé à le suivre dans cette voie, heureux si la doctrine peut dispenser de nouvelles lois en usant bien des anciennes.

L'obligataire, dont le nom n'est prononcé nulle part, *est*, dit-on, *simplement un créancier*, *or la loi des faillites règle la situation des créanciers*, *elle suffit donc aussi à régler celle des obligataires*.

Pour apprécier la valeur de ce raisonnement, il faut voir si la situation de l'obligataire vis-à-vis de la société en faillite est semblable à celle d'un créancier ordinaire vis-à-vis de son débiteur failli.

En droit et d'une façon générale, l'obligataire est bien un créancier et cependant sa créance est affectée de modalités particulières : le terme en est incertain (il dépend des tirages), le montant même n'en est pas bien déterminé, puisque le système qui l'autorisait à produire pour la valeur nominale de son titre a été abandonné par la jurisprudence, enfin certains ont voulu voir là un contrat aléatoire, d'autres un contrat conditionnel (nous aurons à revenir sur toutes ces questions à propos des primes de remboursement).

Mais c'est *en fait* que la situation de l'obligation se différencie profondément de celle du créancier ordinaire, il en résulte un véritable bouleversement de l'économie de la loi des faillites, c'est ce que nous voudrions brièvement indiquer.

CHAPITRE PREMIER

NOMBRE ET INEXPÉRIENCE DES OBLIGATAIRES.

Le législateur, qui ne songeait qu'à la faillite d'un commerçant ordinaire, a supposé en face de lui des créanciers en nombre assez limité, capables de discuter avec lui, expérimentés dans les affaires, puisque, dans la grande majorité des cas, ils seront eux-mêmes des commerçants lui ayant fait des fournitures : d'autre part les affaires du commerçant failli ne seront pas tellement compliquées qu'un examen attentif ne parvienne à les débrouiller.

Toute autre est la situation des obligataires, leur nombre est un premier obstacle avec lequel il faut compter, les plus grandes salles du tribunal de commerce ont peine à les contenir, les assemblées sont rendues par là très difficiles, mais l'inexpérience commerciale de la plupart est un obstacle bien plus grand et par dessus tout la complication des affaires sociales. Avec les combinaisons modernes de crédit, ces complications ne font qu'augmenter, la politique et la diplomatie se trouvent mêlées aux plus grandes questions financières, l'intervention du gouvernement (garantie, concession) complique le problème, il faut ajouter aussi qu'en général une société ne se résout pas aussi facilement à la faillite qu'un simple particulier. Comme elle est plus forte, elle lutte plus longtemps, elle crée souvent à côté d'elle des sociétés comparses qu'elle entraîne dans sa chute, avec lesquelles s'est formé un réseau d'opérations réelles ou fictives ; enfin elle a pu se livrer à toutes sortes de manœuvres ou de dissimulations pour maintenir le cours de ses titres, peut-être y a-t-il eu des distributions de dividendes fictifs. Nous ne voulons pas insister sur l'impossibilité absolue où se trouve l'obligataire ou plutôt la foule des obligataires de discuter le concordat, ils ne pourront que l'accepter ou le rejeter.

CHAPITRE II

CARACTÈRES PARTICULIERS DE L'EMPRUNTEUR ET DES PRÊTEURS.

Le rejet du concordat est dans l'économie de la loi une arme dont le créancier peut menacer son débiteur, la perspective de l'union pèse d'un certain poids sur le failli et l'amène à proposer des conditions meilleures ; si, en fait, il n'en est pas toujours ainsi, on ne peut nier que telle ne soit au moins la visée de la loi.

Au cas de faillite d'une société, dans la grande majorité des cas, l'alternative ne se pose pas, l'union est redoutée plus encore des obligataires que des actionnaires, la menace n'existe donc pas, les clauses du concordat sont abandonnées au bon plaisir de ces derniers. Il y a deux ordres de raisons pour lesquelles l'union n'est pas un parti acceptable : les premières tiennent en général à la nature des opérations des sociétés, les secondes au caractère même des obligataires : les sociétés (nous ne parlons évidemment ici que *ex eo quod plerumque fit*) se livrent à des entreprises qui nécessitent de grands capitaux, une installation coûteuse, mais par contre, elles comptent sur l'avenir pour se récupérer de leurs dépenses ; la personnalité morale dont elles jouissent leur assure une longévité plus grande que celle des simples mortels ; obligées souvent de traverser une période d'aménagement assez longue sans rien gagner, elles ont besoin d'un temps considérable pour y retrouver un profit ; pendant la première période, elles empruntent, pendant la seconde, elles rembourseront, mais si, comme il arrive trop souvent, la faillite survient vers la fin de la première période, l'union viendrait briser et rendre vains tous les efforts faits pour construire, aménager, organiser, grouper des matériaux qu'on serait obligé de disperser, de vendre par morceaux et qui perdraient ainsi toute valeur. Il est vrai qu'il y a un autre procédé qui semble bien préférable : c'est de vendre l'entreprise en bloc telle qu'elle est, mais l'expérience prouve qu'on ne trouve alors d'acheteur qu'à un prix infime, on sent la vente forcée, on voit les mauvaises affaires réalisées et on profite de la situation. Faut-il ajouter que souvent encore, en pratique, cette vente se complique jusqu'au point de devenir impossible par des questions d'autorisation du gouvernement, quand il s'agit d'entreprises concédées par l'État.

Pour les chemins de fer en particulier, la nature du droit de la concession est si mal définie (1), le droit n'étant proprement ni mobilier, ni immobilier,

(1) Voir plus loin, p. 23.

qu'un auteur (1) n'a pas hésité à dire qu'en cas d'union, on appliquerait à la concession l'article 570 du Code de commerce ; on sent bien que la concession est trop importante pour qu'on la puisse vendre comme un meuble ou une marchandise, d'autre part les formalités requises pour la vente des immeubles (572, 573, C. com.) ne peuvent s'appliquer ici, d'abord parce que, dit-on, la concession n'est pas un droit immobilier, ensuite parce que la vente judiciaire n'en est pas possible, puisque l'État doit agréer l'acquéreur, toute personne ne pourrait pas librement surenchérir ; on est donc réduit à l'article 570 qui permet « de traiter à forfait de tout ou partie des droits et actions dont le recouvrement n'aurait pas été opéré et de les aliéner. » Ainsi la concession qui forme, à elle seule, presque tout l'actif social et tout le gage des créanciers, serait traitée comme un droit sans valeur qu'on aurait négligé de recouvrer ! Avec de telles perspectives, l'union est-elle un parti acceptable pour les créanciers ?

D'autres raisons s'ajoutent à celles-ci pour écarter l'union de la pensée de tous : débiteurs et créanciers. Dans une faillite ordinaire, les créanciers sont eux-mêmes pour la plupart commerçants, engagés dans d'autres affaires, ayant à faire face à des obligations contractées au moyen d'effets de commerce, soumis

(1) Aucoc, *Conférences sur le droit administratif* (2e éd.), t. 3, p. 448.

à des poursuites rigoureuses, exposés eux-mêmes à la faillite pour le plus léger retard dans leurs paiements, ils ont besoin de leur argent à des échéances relativement assez courtes, en tout cas ils préfèrent régler l'affaire commercialement, c'est-à-dire d'une manière expéditive. Les obligataires, qui forment la grande majorité des créanciers sociaux, n'ont ni les mêmes nécessités, ni les mêmes vues. L'avenir leur appartient, nous oserions presque dire qu'il leur est dû ; en effet, le terme est stipulé tant dans leur intérêt propre que dans celui de la société emprunteuse, si celle-ci a besoin d'un long délai pour tirer parti des sommes qui lui sont prêtées et les rembourser, l'obligataire de son côté est désireux de trouver pour son argent un placement durable ; en fait, si son obligation est remboursée à bref délai par suite du tirage au sort, il regardera volontiers la prime de remboursement comme un *dédommagement* à ce remboursement précoce qui le prive du bénéfice du terme sur lequel il croyait avoir droit de compter (1). Le commerçant au contraire, créancier d'un failli ordinaire a besoin promptement de son argent, le terme est stipulé dans le *seul* intérêt du débiteur, afin de lui laisser le temps de vendre la marchandise, la preuve en est dans ce que le créancier fait souvent escompter

(1) La jurisprudence a décidé qu'il pouvait ressortir des circonstances que le terme était en faveur de l'obligataire (*Journal des Sociétés*, 1888, p. 474).

de suite l'effet de commerce souscrit par son débiteur ; la déchéance du terme (art. 444, C. com.) frappe donc le débiteur *seul* et favorise le créancier, et c'est ce que le législateur a voulu ; au cas de faillite d'une société et de créanciers obligataires, elle frappe également le débiteur *et le créancier*, — de ce chef encore l'économie de la loi est bouleversée. Nous ne prétendons pas toutefois qu'aucun des obligataires n'ait besoin de son argent, et cela dans un délai peut-être assez bref, mais nous remarquerons qu'à l'égard de la société on peut considérer la chose comme telle, car chaque obligataire a le droit de toucher son argent quand il lui plaira en vendant son titre à la bourse ; or, pour que le cours du titre remonte à la bourse, il n'est pas nécessaire que la société en faillite serve de suite un intérêt ou un dividende, il suffit qu'elle le promette dans l'avenir, cette plus-value future se répercute dans le présent et l'obligataire, par la vente de son titre, profite d'un avantage qui ne sera réalisé que plus tard. Cette situation s'harmonise merveilleusement avec celle de la société qui, elle aussi, a besoin de l'avenir, sa faillite est survenue au lendemain de la période de construction, elle n'a pas encore de trafic assuré, ou bien au moment d'une crise alors que tout le mouvement commercial va être ralenti pendant plusieurs années par la liquidation et que les prix vont baisser. Si l'on vend dans ces conditions, le résultat sera déplorable, il faut même aller plus loin, si l'on s'engage dans un concordat à donner un dividende fixe de tant 0/0, même en en échelonnant le paiement, on ne pourra pas tirer de l'affaire tout le parti qu'elle comporte. Manquer aux engagements d'un concordat expose en effet à sa résolution et il serait imprudent de la part de la société d'escompter trop l'avenir, mais vienne la période prospère, le retour des hauts prix, ou simplement qu'on laisse à l'entreprise le temps de rendre ce qu'elle a coûté, en laissant à la clientèle le temps de s'habituer à en user, les recettes s'élèveront rapidement et les actionnaires, qui seront quittes en payant très exactement aux créanciers le minime tant 0/0 promis, feront des affaires d'or. Ne ressort-il pas de ce qui précède que non seulement l'union, mais même le concordat, compris de la manière usuelle, ne répondent pas aux besoins de la situation ? Nous étudierons plus loin les moyens tentés pour modifier le concordat dans le sens que nous indiquons.

Si nous insistons sur les avantages d'un concordat pour des obligataires, c'est qu'on en a contesté la possibilité même, pour les sociétés anonymes. Sans doute toute société anonyme qui fait faillite n'est pas en mesure de se relever, mais il faut remarquer que nous ne nous occupons ici que des sociétés anonymes qui ont émis des obligations, s'il arrive trop souvent qu'on fonde des sociétés par actions pour des entreprises peu sérieuses, il est plus rare qu'on émette des obligations dans ces conditions ; parmi les sociétés qui émettent des obligations, les entreprises de transport occupent une grande place, nous pensons que dans tous ces cas, sauf exception, le concordat est le parti le meilleur.

Voyons donc comment raisonnaient ceux qui niaient la possibilité d'un concordat et même d'une faillite pour une société anonyme (1) : « La liquidation, disaient-ils, suffit ; il n'y a que des capitaux et une fiction de personnalité, on répartira les capitaux entre les créanciers et la personnalité s'évanouira, et tout sera fini ».

C'est là une manière toute abstraite de raisonner dont plusieurs sont revenus eux-mêmes (2) et que ni la loi du 4 mars 1889 article 3, ni les législations étrangères n'ont adoptée, celles même qui décident que la faillite dissout la société admettent par une singulière, mais heureuse contradiction qu'un concordat est toujours possible (3). La société en effet incarne une idée, cette idée c'est le but poursuivi, ce but subsiste en dépit de la faillite, des efforts communs en vue de l'atteindre sont encore possibles, or c'est dans le concours de plusieurs vers un même but que réside proprement la personnalité ; les créanciers

(1) Renouard, *Traité des faillites* (3e éd.), t. 1, p. 261. — Massé, *Droit commercial* (2e éd.), t. 2, no 1169.

(2) Massé, *ibid.* (3e éd.).

(3) Voir plus loin, 3e partie, ch. III.

devront donc apprécier la valeur économique, et aussi la moralité du but poursuivi, c'est en lui qu'ils auront ou n'auront pas confiance, c'est à lui qu'ils voteront le concordat ou le refuseront ; les hommes, les administrateurs changent et passent, le but demeure; la facilité de remplacer ceux qui y travaillent ne nous paraît qu'une raison de plus pour accorder un concordat, enfin et surtout l'avenir se trouve engagé, les travaux sont commencés, le capital de l'entreprise (actions et obligations) n'est pas disponible et ne peut pas facilement le devenir; l'argent est enfoui, il germera plus ou moins bien, mais à quoi servirait de déterrer la graine à demi pourrie? Quel profit en tirerait-on? A quoi servirait de vendre à vil prix le champ tout ensemencé? Mieux vaut attendre encore si, avec le temps, on recueillera des fruits.

CHAPITRE III

ABSENCE DE SURETÉS POUR LES OBLIGATAIRES.

Une autre différence peut encore être signalée : celui qui traite avec un commerçant ou lui prête de l'argent peut en général exiger de lui des sûretés particulières, qui, en cas de faillite, assureront son remboursement, en est-il de même pour les obligataires? Il semblerait qu'à eux plus qu'à tout autre des sûretés doivent être accordées, d'abord à cause de la longueur du terme de leur créance, ensuite à cause du caractère propre de l'opération, puisqu'on sollicite l'épargne de ceux qui cherchent un placement sûr. Or, en dépit des apparences qui sont trop souvent trompeuses, il en est bien rarement ainsi et, dans la grande majorité des cas, les obligataires ne sont que de simples créanciers chirographaires. Sans entrer dans tous les détails de ce sujet spécial, disons quelques mots des difficultés particulières que présente la constitution d'une hypothèque, d'un gage ou d'un cautionnement au profit d'obligataires, et du peu d'efficacité de ces sûretés en les supposant régulièrement constituées.

Pour l'hypothèque d'abord, plusieurs ordres de difficultés se superposent : l'hypothèque peut-elle être attachée à un titre au porteur? — La difficulté vient de ce que le nom du créancier ne pourra pas se trouver dans l'inscription d'hypothèque, on répond que l'omission du nom dans l'inscription n'est pas une cause de nullité, l'élection de domicile, elle, est prescrite à peine de nullité, c'est une formalité substantielle de l'acte, mais elle est toujours possible.

Est-ce que l'article 2127 du Code civil qui exige que l'hypothèque soit consentie par un acte authentique n'est pas violé? — On répond que cette formalité est exigée pour protéger le débiteur qui consent l'hypothèque et non le créancier qui l'accepte, peu importe donc que l'acceptation n'ait pas lieu dans la même forme, pourvu que la Société ait proposé l'hypothèque dans la forme voulue.

Par qui sera acceptée l'hypothèque et prise l'inscription? — En pratique, quelques obligataires plus diligents s'en sont chargés, ils ont même essayé de former entre les obligataires une société à cet effet (1), mais en réalité ils n'étaient que les gérants d'affaires des autres, ce qui suffit pour accepter l'hypothèque et prendre l'inscription. Mais toute difficulté n'est pas levée par là, il se peut que la Société promette l'hypothèque quand ses biens sont encore libres de toute charge, que les obligataires souscrivent sous cette

(1) Voir plus loin, p. 42.

assurance et que, quand ils voudront prendre l'inscription, ils se trouvent primés par d'autres créanciers, c'est pour parer à cet inconvénient que le projet de loi de 1884 (art. 85) introduisait la pratique de la prénotation de la délibération de l'assemblée qui accordait l'hypothèque, afin que le rang de cette hypothèque soit fixé dès cette époque (1).

La constitution d'un gage au profit d'obligataires ne se conçoit guère, elle exigerait en effet que le débiteur (la Société) se dessaisisse au profit d'un tiers d'une partie des objets nécessaires à son exploitation ; on ne concevrait qu'un gage en valeurs mobilières, mais pour qu'il offre quelque sécurité, il faudrait que la société immobilise une somme presque égale à celle qu'elle emprunte, ce qui enlèverait à l'emprunt toute utilité.

L'existence d'un cautionnement au profit d'obligataires paraît au premier abord chose impossible, on conçoit qu'une personne en cautionne une autre pour une dette dont le chiffre n'excède pas ses moyens, mais qui donc pourrait cautionner efficacement le montant total d'une émission ? Ce quelqu'un qui se porte caution de l'être moral société, ce ne peut être qu'un autre être moral, une autre société qui prête son crédit en promettant son concours, ou l'Etat lui-même.

(1) Voir sur tous ces points la note de M. Labbé, S. 1879, 2, 313 et aussi jugement du tribunal civil de Bourges, 8 mars 1888 (*Journal des Sociétés*, 1891, p. 252).

Les sociétés qui exploitent des services d'intérêt général ont eu en effet recours à ce cautionnement par l'Etat connu sous le nom de garantie. Pour les chemins de fer, cette garantie est d'autant plus précieuse qu'en France, en dehors des difficultés générales que nous venons de signaler pour assurer aux obligataires le bénéfice d'une hypothèque, il y a pour les chemins de fer une impossibilité absolue à le faire. Théoriquement, on comprendrait que le droit de la Compagnie concessionnaire soit assimilé à un usufruit et par suite susceptible d'hypothèque (1), les premières concessions l'entendaient même ainsi, mais, depuis, le droit de la Compagnie est regardé comme mobilier et par suite toute hypothèque est impossible.

Si le droit de la Compagnie est mobilier, peut-il au moins être donné en gage? Il y aurait là un avantage sur l'hypothèque elle-même, les revenus étant affectés par là, eux aussi, par privilège au paiement des obligataires. Le droit de la Compagnie est un meuble incorporel, sa mise en gage se fera donc, d'après la jurisprudence, par la remise du titre (2) aux mains des obligataires ou plutôt d'un tiers qui le détiendra pour eux et la signification à l'État, mais on n'aura donné en gage par là que la créance de la Compagnie

(1) Il en est ainsi dans plusieurs pays, notamment aux Etats-Unis, en Autriche, en Hongrie, en Suisse, en Espagne, au Brésil.

(2) La jurisprudence se contente, à tort selon nous, de la remise d'une simple expédition et n'exige pas la grosse.

contre l'État : c'est-à-dire l'obligation pour l'État de *laisser* jouir la Compagnie (1), or ce qui constitue les revenus, c'est le trafic, l'achalandage, la clientèle, peut-on donner cela en gage ? Où est le débiteur à qui faire la signification ? La question s'est posée pour un fonds de commerce, la jurisprudence a décidé que, pour le donner en gage, il suffisait de la remise du titre constatant le droit (la prise à bail) sur les lieux où se fait l'exploitation et la signification au propriétaire des lieux loués, la clientèle n'étant qu'un accessoire pour lequel toute signification est impossible et par suite inutile (2). Quoiqu'il en soit, peut-on établir sur un fondement aussi fragile, sur une jurisprudence aussi indécise, une garantie solide pour des obligataires ? (3)

La garantie de l'État est donc la seule sûreté possible en France pour les obligations de chemins de fer, mais quelle en est la nature juridique ? Est-ce un

(1) Car la jurisprudence, par une singulière contradiction, admet que l'exercice des actions possessoires appartient à la compagnie.

(2) S. 1888, 1, 302. Cette manière de constituer un gage ne remplit nullement le vœu de la loi : il n'y a ni dessaisissement (ou quelque chose d'approchant par la remise de tous les titres de créance) ni signification au débiteur, le propriétaire de l'immeuble n'est pas le débiteur de la chose donnée en gage, et la chose donnée en gage n'est pas une créance.

(3) Toutes les questions relatives à la possibilité ou plutôt à l'impossibilité de constituer des sûretés au profit des obligataires de chemins de fer sont très bien étudiées dans la thèse de M. S. Moulin sur *l'hypothèque des chemins de fer*.

gage? Pour donner en gage aux obligataires la créance que la Compagnie a contre l'État, la signification devrait être faite à l'État, et la Compagnie devrait remettre le titre de sa créance, mais ici le titre de créance est la loi même où est promise la garantie, on n'en conçoit pas la remise aux mains des obligataires ou d'un tiers. Les conditions du gage ne sont donc pas remplies et ne peuvent guère l'être ; aussi serions-nous portés à regarder la garantie d'intérêt comme un cautionnement. L'objection, c'est ici que la caution, l'État, ne s'engage pas envers le créancier, l'obligataire (art. 2011, C. C.), — dans la forme, cela est vrai, mais au fond, il faut bien reconnaître que l'État ne s'oblige ainsi envers la Compagnie que pour lui permettre de trouver plus facilement des fonds, c'est-à-dire des créanciers, de plus cet engagement qui résulte d'une loi a une publicité qui le fait réputer connu de tous, la Compagnie ne manque pas d'en faire parade sur les prospectus d'émission et même sur les titres, de sorte qu'on peut dire que la situation de l'État vis-à-vis de l'obligataire ressemble fort à celle d'une caution.

Cette définition théorique du caractère juridique de la garantie d'intérêt peut présenter des intérêts pratiques, nous n'en signalerons qu'un qui se rattache à notre sujet : en cas de faillite de la société (faillite qui peut arriver même au cas où la garantie d'intérêt existe, si l'État momentanément ne peut exécuter ses promesses, ou s'il ne s'est engagé que jusqu'à concurrence d'une certaine somme, ou s'il y a, en dehors des obligataires garantis, des créanciers importants) les obligataires peuvent-ils voter au concordat sans renoncer à la garantie? Si c'est un gage, il faut décider que non, si c'est un cautionnement, ils le peuvent.

Remarquons toutefois que la garantie de l'Etat dont le caractère juridique, la portée, la durée peuvent faire ou font l'objet de graves discussions, ne s'applique pas à toutes les entreprises; même pour les chemins de fer, elle ne s'applique pas à ceux dont les obligataires en auraient le plus besoin, aux chemins de fer d'intérêt local.

Supposons donc un instant que la pratique, aidée s'il le faut par le législateur, ait constitué au profit d'obligataires une hypothèque, un gage, ou un cautionnement pleinement valables et voyons quelle sûreté en résulterait pour les obligataires au cas de faillite.

S'il s'agissait de créanciers d'un commerçant ordinaire, rien n'empêcherait qu'ils ne soient pleinement garantis, pour des obligataires il en sera bien rarement ainsi et la sûreté n'aura été le plus souvent pour eux qu'un appât trompeur. Un commerçant peut donner pour sûreté à son créancier un immeuble ou meuble qui ne fasse pas partie de son exploitation (une maison de campagne, par exemple), la vente en est possible sans nuire à la continuation de l'exploitation, la chose hypothéquée ou donnée en gage sera de nature à trouver facilement des acheteurs ; pour une société, il en est autrement, elle ne prétend pas garantir tel ou tel obligataire, mais tous les obligataires, il lui faut donc trouver une sûreté en rapport avec le montant total de son emprunt, cette sûreté elle ne peut évidemment la trouver que dans ce qui fait l'objet ou les moyens de son exploitation. Si les créanciers exécutent ce gage ou cette hypothèque, ils tranchent, pour ainsi dire, dans le vif de l'entreprise, ils la dissèquent, ils la tuent ; de plus la vente se fera dans de très mauvaises conditions, tout le monde n'est pas disposé à acheter un morceau d'une exploitation qui ne valait que par la juxtaposition de ses parties. Que si l'on vend tout en bloc, le prix, même relativement très bas, sera encore trop fort pour un particulier, il faudra qu'une société se fonde pour acquérir l'entreprise ou qu'une société analogue se présente pour l'englober ; en tous cas, il n'y aura pas ce concours d'acheteurs qui seul peut faire monter les prix, l'expérience est là pour montrer combien ces ventes sont dérisoires, sans compter que l'enregistrement touche encore une grande partie du prix. La valeur de ces entreprises consiste en effet dans leur propre fonctionnement, dans leur trafic; or, dans la majorité des cas, la faillite arrive après de mauvaises années et les acquéreurs exploitent la situation pour en tirer souvent dans la suite un très beau parti.

Faut-il ajouter qu'en beaucoup de cas, on aura à compter avec l'intervention de l'État, il faudra que l'acquéreur soit agréé par lui, les enchères et surenchères ne seront plus librement ouvertes à tous, de là de nouveaux embarras qui rendraient bien vaine l'hypothèque des chemins de fer, si elle était admise. Enfin l'État serait toujours menaçant avec son droit de rachat basé sur les revenus des dernières années qui probablement n'auront pas été brillants.

Reste l'hypothèse d'un cautionnement, la caution d'un emprunt par voie d'obligations ne peut évidemment pas être un particulier, si ce n'est pas l'Etat, ce devra être une société, mais quelle société assumera pareille charge ? Les motifs d'affection qui, d'ordinaire, entraînent ces sortes d'intervention, ne se conçoivent guère entre deux *êtres moraux*, ce seront des motifs d'intérêt, résultant d'intérêts voisins ou même communs, mais qui ne voit dès lors que la chute d'une société ne sera que le prélude de celle de l'autre et que la caution ne vaudra guère mieux que le débiteur. Les exemples sont trop nombreux, trop éclatants et trop récents pour que nous ayions besoin d'insister sur ces chutes qui se suivent, se répercutent et s'entraînent d'une façon souvent inattendue.

Il ne faut pas dire toutefois que l'existence d'une hypothèque ou d'un gage en faveur d'obligataires soit sans efficacité aucune dans les opérations de la faillite, elle pourrait avoir l'avantage de permettre aux bénéficiaires de s'abstenir dans le vote au concordat, tout en laissant ce concordat possible (puisque les majorités ne se calculeraient pas en tenant compte de leurs créances, art. 508, C. com.) et en se réservant la faculté d'en profiter s'ils le trouvaient favorable ; on conçoit dès lors qu'il puisse y avoir là, de la part d'obligataires hypothécaires ou gagistes, certaines manœuvres avantageuses pour eux, tant à l'égard de la Société débitrice que des autres créanciers non privilégiés.

Mais voici une difficulté d'un ordre tout différent à laquelle les auteurs qui ont tant préconisé les avantages de sûretés réelles au profit d'obligataires ne paraissent guère avoir songé :

Dans l'état actuel de nos lois, chaque obligataire, individuellement, a le droit de voter au concordat (1), le parti qu'il prend ne s'impose pas à son voisin, chacun est libre de voter ou de s'abstenir ; parmi les obligataires en particulier, beaucoup s'abstiennent par négligence ou par ignorance. Si les obligataires sont de simples créanciers chirographaires, il suffira d'obtenir les majorités voulues pour que la décision de la majorité s'impose à la minorité, mais si l'on suppose des obligataires garantis par des sûretés réelles, les uns seront censés y avoir renoncé en votant, les autres les avoir conservées en s'abstenant

(1) Voir une théorie contraire, 3e partie, ch. I.

(art. 508, C. com.); il en résultera logiquement qu'après le vote, il y aura deux sortes d'obligations : les unes hypothécaires ou gagées, les autres chirographaires, il faudra pour des obligations provenant d'une même émission deux sortes de titres ; qui ne voit les difficultés entraînées par ce dédoublement, en particulier pour la cote à la Bourse ?

Là encore on est bien forcé de reconnaître que la loi des faillites s'applique mal à une hypothèse qu'elle n'a pas prévue.

Nombre et inexpérience des obligataires, — caractères particuliers de leurs créances et de la société débitrice, rendant l'union funeste ou impraticable, — difficultés pour les obligataires d'obtenir une garantie efficace leur permettant de se tenir en dehors de la faillite — tels sont les trois points principaux qui empêchent le système de la faillite de s'adapter suffisamment à la situation d'obligataires en face de la société faillie.

Nous pourrions signaler d'autres points d'une importance secondaire : le syndic, d'après le vœu de la loi, représente le débiteur et les créanciers, il doit rester impartial entre ces deux intérêts opposés (1) :

(1) Impartial dans ses rapports et dans les renseignements qu'il fournit, impartial dans l'exercice des actions en responsabilité contre les administrateurs intéressant la masse, actions que, d'après une jurisprudence qui peut présenter des inconvénients, les créanciers ne peuvent pas exercer eux-mêmes, si le syndic s'abstient.

cette attitude est facile à tenir entre un commerçant à bout de ressources et des créanciers, commerçants eux-mêmes, entendus aux affaires ; elle devient plus délicate entre des administrateurs, personnages souvent influents qui ne sont nullement atteints par la faillite, dont l'être moral supporte seul le poids et la honte, et qui continuent à disposer d'influences de toute sorte d'une part, et d'autre part des créanciers nombreux, inexpérimentés, fatigants souvent à raison de leur impéritie.

L'hypothèque de la masse (art. 490, C. com.) ne pourra pas être prise ni être efficace le plus souvent, en dehors des raisons ci-dessus, les frais que l'inscription entraînerait, dépasseraient le profit qu'on en pourrait attendre.

Enfin les différents délais fixés par la loi pour les opérations de la liquidation judiciaire (notamment le délai de 15 jours entre la fin des vérifications et le vote du concordat) se trouvent trop courts en présence d'affaires aussi compliquées.

CHAPITRE IV

CARACTÈRES ÉCONOMIQUES DES OBLIGATIONS.

Telles sont les différences qui existent, au point de vue juridique, entre des obligataires et des créanciers ordinaires au cas de faillite, nous avons signalé déjà en passant quelques différences au point de vue économique : elles viennent de ce que l'obligataire fournit, comme l'actionnaire, le capital de l'entreprise, l'argent avec lequel on se procurera les *moyens* de production, le créancier ordinaire, lui, fournit le plus souvent ces moyens eux-mêmes, qu'ils consistent en travaux, en machines ou en fonds de roulement (1).

L'être moral Société, c'est l'*idée* même de l'entreprise, conçue par les fondateurs, les actionnaires lui donnent un corps, les obligataires aident à le former et à le développer en le nourrissant de leur argent, cet argent s'incorpore à l'entreprise, les autres créanciers fournissent alors à la Société ainsi constituée

(1) Il ne faut pas exagérer pourtant cette antithèse, celui qui fait une ouverture de crédit à un commerçant lui fournit quelquefois, comme l'obligataire, une partie du capital même de son entreprise, le *moyen* de se procurer les *moyens* de production, mais il y a toujours des différences notables : celui qui ouvre un crédit connaît celui avec qui il traite et de plus peut exiger de lui et exige en fait des sûretés particulières.

ses moyens de production, comme ils les fourniraient à un commerçant ordinaire, mais ce qu'ils louent, ce qu'ils vendent ou ce qu'ils prêtent, c'est l'armure de l'être moral, ce n'est pas son corps. La réalité économique était bien rendue par la vieille expression d'*actions-rentières* par laquelle on désignait jadis les obligations : actions vis-à-vis de la société, rentes vis-à-vis du créancier ; actions, puisqu'elles concourent à former le capital social ; rentes, puisqu'elles ne participent ni aux gains, ni aux pertes de l'entreprise.

Faut-il tirer argument, au point de vue juridique, de ces caractères économiques pour dire, comme on l'a fait quelquefois, que l'obligataire n'est pas un créancier ordinaire, qu'il a un droit d'ingérence dans l'administration sociale ? — Nous ne le pensons pas, au point de vue du droit, l'obligataire doit rester un créancier, parce que c'est ce qui fait sa double sécurité. Son revenu est aussi assuré que possible, il n'a à s'occuper de rien, mais vienne la faillite, elle donne un démenti à ce que nous avançons, la sécurité du rentier a disparu, la réalité économique apparaît, et si l'obligataire ne peut plus être satisfait comme créancier, peut-être peut-il se prévaloir un peu de son caractère d'actionnaire. Nous n'irions pas jusqu'à lui accorder un droit de priorité sur les autres créanciers, cela serait excessif et diminuerait le crédit des sociétés pour toutes leurs opérations autres que des emprunts, en tous cas cela ne répondrait pas au caractère d'actionnaire que nous signalions, qui implique l'idée de ne passer qu'après les créanciers. Nous nous fonderons, d'accord en cela avec une pratique récente, sur l'idée économique : les obligataires ont fourni un capital qui a reçu un emploi analogue à celui fourni par les actionnaires, si ces derniers conservent quelque droit dans l'entreprise, ont foi dans son avenir (c'est-à-dire s'ils obtiennent un concordat), les obligataires ne peuvent être écartés et congédiés avec un dividende quelconque, ils adhèrent à l'entreprise, ils sont liés à son avenir tant qu'ils ne sont pas désintéressés dans la mesure du possible ; leur titre reste différent de celui des actionnaires tout en s'en rapprochant : il le prime, c'est en quoi il reste plus sûr, mais son revenu est subordonné à l'existence de bénéfices et c'est en quoi il se rapproche de l'action, l'action-rentière est devenue une action à bénéfices limités.

DEUXIÈME PARTIE

DES MOYENS EMPLOYÉS EN PRATIQUE POUR REMÉDIER A LA SITUATION DES OBLIGATAIRES AU CAS DE FAILLITE.

Trois moyens ont été employés répondant assez bien aux trois desiderata principaux que nous signalions dans la première partie.

Pour remédier aux inconvénients résultant du nombre et de l'inexpérience des obligataires, on les a groupés en syndicats.

Pour échapper aux dangers de l'union et leur permettre de profiter du relèvement possible de la société dans l'avenir, on a imaginé de les rattacher à la société par diverses combinaisons de participation aux bénéfices.

Pour suppléer à l'absence de toute sûreté qui les laisse à la merci des actes de la société, on leur a accordé un droit de contrôle sur sa gestion.

Nous étudierons successivement ces trois procédés.

CHAPITRE PREMIER

SYNDICATS D'OBLIGATAIRES.

Le premier moyen imaginé pour améliorer la situation des obligataires a été la formation d'un syndicat d'obligataires, c'était un remède tout indiqué contre les embarras résultant du nombre, de l'inexpérience des obligataires et de la complication des affaires sociales. Les obligataires syndiqués se réuniront, choisiront les plus capables d'entre eux pour les représenter, tout en se réservant le droit de contrôler ces mandataires ; ceux-ci, choisis parmi les obligataires, rémunérés du reste, prendront en main les intérêts des obligataires, feront toutes les démarches et toutes les études nécessaires pour s'éclairer sur la situation vraie de la société et pour éclairer les obligataires, leurs mandants. Dans des assemblées, qui devront être assez fréquentes pendant tout le cours de la faillite, ils tiendront les obligataires au courant des projets de concordat proposés par la Société, ils donneront, en connaissance de cause, leur avis sur les avantages ou les inconvénients de ces projets et seront en état de présenter des contre-projets, ce qui eut été impossible sans le syndicat. Au moment du vote définitif, chaque obligataire syndiqué reste maître de sa voix, il peut approuver ou rejeter le concordat, il vote lui-même directement, ce ne sont pas ses mandataires qui le représentent en exprimant simplement le vote de la majorité.

Ainsi comprise, la pratique du syndicat ne paraît présenter que des avantages, puisqu'elle permet aux obligataires de s'éclairer, qu'elle donne du poids à leurs opinions, tout en laissant à chacun d'eux une pleine indépendance. Nous verrons qu'une fois le concordat voté, le rôle du syndicat n'est pas fini et qu'il peut rendre encore de grands services.

La loi du 4 mars 1889 sur la liquidation judiciaire a donné aux créanciers la faculté de nommer des contrôleurs choisis parmi eux (art. 9 et 10) et cette disposition est applicable aussi à l'état de faillite (art. 20). Le rôle de ces contrôleurs a quelqu'analogie avec celui des administrateurs du syndicat des obligataires, ils sont « chargés de vérifier les livres et l'état de situation présentés par le débiteur et de surveiller les opérations des liquidateurs », mais combien leur influence est faible, comparée à celle d'hommes qui forment un conseil d'administration représentant les obligataires, le mot même de *contrôleur* rabaisse et limite leurs fonctions, ce ne sont que des surveillants, encore ne sont-ils pas payés, l'article 10 prenant soin de dire que « les fonctions de contrôleurs sont gratuites » ; la conséquence, consignée aussi dans le même article, c'est qu'ils ne sont responsables que de leur faute *lourde*, enfin leur révocation n'est pas laissée à la discrétion de leurs mandants : « ils ne peuvent être révoqués que par le tribunal de commerce, sur l'avis conforme de la majorité des créanciers et la proposition du juge commissaire ». Quelle influence exerceront des hommes placés dans ces conditions ? La loi ne signale même pas ce qui doit être la principale fonction des représentants des obligataires, à savoir débattre article par article le concordat. Pour arriver à ce résultat, il faut que le conseil d'administration de la société en faillite trouve devant lui un conseil d'administration véritable, organisé comme lui, rémunéré, responsable par suite d'une façon sévère, révocable *ad nutum* par ceux qui l'ont nommé, c'est-à-dire par les obligataires ; l'action d'un tel conseil peut seule être efficace, l'égalité entre le débiteur et les créanciers se trouve par là rétablie et la lutte se fait à armes égales. Enfin le rôle des contrôleurs finit avec la faillite. Nous avons dit et nous verrons que celui du conseil d'administration du syndicat des obligataires est loin d'être achevé et qu'il reste à celui-ci une mission de surveillance et même un rôle actif importants. Il y a donc entre l'institution des contrôleurs, telle qu'elle est comprise par la loi de 1889, et la pratique des syndicats d'obligataires quelques analogies qu'il fallait signaler, mais des différences plus grandes encore, qui amènent à conclure qu'au cas de faillite d'une société, l'institution des contrôleurs est un progrès sur la loi de 1838, mais que le syndicat des obligataires est seul un remède.

Malheureusement le syndicat des obligataires se heurte à des obstacles législatifs assez difficiles à tourner.

La législation française n'admet pas, on le sait, la liberté d'association d'une façon générale (291 C. pén.); en dehors des cas spéciaux, l'association n'est possible qu'à condition de former une société civile ou commerciale, ou de rentrer dans les cas prévus par la loi du 21 mars 1884.

Cette loi ne s'applique qu'à ceux qui exercent une même profession. Or il est impossible de prétendre que les obligataires exercent de ce chéf une profession, leur nom même y répugne, car ils sont en somme des *rentiers*, ils ne sauraient donc se réclamer de la loi sur les syndicats professionnels.

La seule question qui puisse se poser sérieusement est celle de savoir si les obligataires peuvent former une société civile, il faut examiner pour cela si les conditions des articles 1832-1834 du Code civil sont remplies. On peut soutenir qu'elles le sont au cas de formation d'une société d'obligataires *après la faillite* de la société. On retrouve en effet les divers éléments du contrat de société :

1° Apport « d'argent ou d'autres biens ou d'industrie » (1833, C. civ.). Cette condition nous paraît remplie, en effet les syndicats ont exigé de leurs adhérents le versement d'une cotisation minime, il est vrai (0 fr. 50 par obligation) (1), mais la loi ne fixe pas de taux ; que cette somme doive être remboursée plus tard aux obligataires par la société en faillite, cela importe peu. Grâce à cette somme, ce fonds commun, les obligataires pourront louer des locaux pour se réunir, envoyer des convocations et surtout faire imprimer et distribuer des documents de toutes sortes, de nature à les éclairer ; ainsi sera rendu possible le concours prêté par chacun selon ses lumières, véritable collaboration active (2), ne pourrait-on même pas dire qu'il y a de ce chef apport en industrie (le mot s'applique aussi bien au travail de l'esprit qu'à celui du corps) de la part des obligataires dont les connaissances ou le concours seront précieux pour diriger les négociations.

2° Bénéfice à réaliser : « Mise en commun de quelque chose dans la vue de partager le bénéfice qui pourra en résulter », dit l'article 1832 du Code civil.

(1) Quelquefois les adhérents doivent payer une petite cotisation annuelle (art. 12 des statuts du syndicat des obligataires de la Compagnie des chemins de fer de Santa-Fé). D'autres fois c'est la société concordataire qui s'engage à payer une somme de tant par an destinée aux frais du syndicat des obligataires (Concordat des chemins argentins, art. 9 ; — du Crédit foncier colonial, art. 11).

(2) On ne retrouve pas cet élément dans les tontines ou les assurances mutuelles; les membres de ces associations ne font pas valoir le fonsd social, son placement est réglé ou imposé, ils attendent seulement les lots ou les sinistres.

Nous venons de voir ce qui était mis en commun, mais on nous objecte qu'il n'y a pas de bénéfice à réaliser, l'obligataire, dit-on, *certat de damno vitando*, il veut perdre le moins possible. Il nous semble qu'on abuse ici des mots, il faut bien se représenter la situation : la société est *en faillite*, une perte est dès lors inévitable, les obligataires ne peuvent espérer qu'un tant 0/0 de leur créance ; s'ils restent isolés, ils n'obtiendront que 50 0/0, par exemple, s'ils s'unissent ils obtiendront 75 0/0. La différence entre 75 et 50 est vraiment bien un bénéfice et un bénéfice qui ressort directement de la mise en commun des cotisations et des facultés de chacun ; cela a été rendu sensible dans l'affaire du Crédit foncier colonial auquel nous avons emprunté les chiffres ci-dessus. On a vu d'une façon palpable dans les nombreux projets de concordat successivement proposés, l'action de la société des obligataires et la pression bienfaisante pour eux qu'elle a exercée. Dans toute faillite il en sera ainsi : il y aura un tant 0/0 qu'on n'aurait pas pu dépasser en restant isolé, qu'on dépasse en étant unis, peu importe qu'on puisse ou non déterminer le montant du bénéfice, résultat d'une différence dont l'un des chiffres peut n'être pas connu, le bénéfice existe, puisqu'on *gagne* quelque chose en s'unissant, le bénéfice provient de ce qui a été mis en commun, il est réparti entre tous les sociétaires.

Quant à la rédaction d'un écrit (art. 1834, C. civ.),

elle est facile et les syndicats d'obligataires n'y ont pas manqué.

Nous pensons donc possible la constitution d'une société civile d'obligataires après le jugement déclaratif de faillite, mais nous ne la pensons pas possible avant, cette constitution a été plusieurs fois essayée aussitôt après l'émission des obligations à l'effet d'accepter une hypothèque et de prendre l'inscription.

La cour de Paris et le tribunal civil de Bourges (1) ont admis la validité de ces sociétés ; voici leur raisonnement : il y a apport social et bénéfice, l'apport peut consister en biens incorporels, c'est, dans l'espèce, la mise en commun des garanties hypothécaires attachées aux obligations ou plutôt *promises* aux obligataires ; — le bénéfice c'est la création, la réalisation de cette hypothèque rendues possibles, ou tout au moins plus faciles, et par suite l'avantage retiré par chaque associé de la sécurité plus grande donnée à sa créance. Cette manière de raisonner est subtile, peut-être l'est-elle trop, c'est ce qu'ont jugé le tribunal civil de la Seine et le tribunal civil de Lyon (2).

Nous nous associons à ces dernières décisions, il n'y a ni apport, ni collaboration active, ni bénéfice

(1) Paris, 5 décembre 1885 (*Revue des Sociétés*, 1886, p. 95). — Bourges, 8 mars 1888 (*Journal des Sociétés*, 1891, p. 252).

(2) Tribunal civil de la Seine, 22 avril 1886 ; Lyon, 6 mai 1886 (*Revue des Sociétés*, 1886, p. 383, conclusions du ministère public, p. 402 — *id.*, p. 594). Voir aussi la note de M. Labbé, S. 1879, 2, 313.

à réaliser : il n'y a pas d'apport, car la garantie attachée à la créance (la promesse d'hypothèque) ne peut en être détachée, or la créance (l'obligation) reste propre à chaque membre de la société, l'acceptation de l'hypothèque et son inscription ne feront que garantir le remboursement de la créance de chaque obligataire, mais ce remboursement intégral n'est pas un bénéfice, car, il faut bien le noter, la société emprunteuse n'est pas en faillite et ne le sera peut-être jamais ; les obligataires, en inscrivant leur hypothèque, ne font qu'un acte conservatoire ; en tous cas, ce n'est pas un bénéfice *partageable*, car la créance garantie restant *propre* à chaque obligataire, le bénéfice résultant de son paiement intégral n'a jamais été *commun*. Quant à la sécurité plus grande dont jouissent les obligataires dès la prise d'inscription d'hypothèque, c'est un bénéfice d'ordre moral qui ne répond pas à ce qu'exige la loi.

On voit les différences qui séparent ces sociétés d'obligataires de celles dont nous parlions tout à l'heure, il y en a encore une autre : en cas de faillite ne font partie de la société des obligataires que ceux qui y adhèrent volontairement par le versement de la cotisation et l'envoi des numéros de leurs titres ; si, après le concordat *tous* les obligataires font partie de la société des obligataires, c'est qu'il y a eu véritablement de leur part un acte d'adhésion, nous verrons en effet au chapitre suivant que des obligations nouvelles sont créées, « l'échange des titres anciens contre les nouveaux emporte de plein droit de la part des échangistes, de leurs cessionnaires ou de leurs héritiers, adhésion à la société des obligataires », mais cet échange n'est pas imposé, l'acte d'adhésion est donc volontaire. Au cas où se forme une société d'obligataires pour inscrire l'hypothèque, au contraire, elle est censée formée entre tous les obligataires et cela est nécessaire, tous devant bénéficier de l'inscription de l'hypothèque, or en fait elle n'est formée qu'entre quelques-uns (2 ou 7 obligataires dans les espèces précitées), les autres se trouvent donc membres de la société sans le savoir et sans le vouloir, c'est ce qu'on ne saurait admettre et cela d'autant moins que, tout n'étant pas souscrit, la société aurait compris les futurs souscripteurs qui, n'étant pas encore obligataires, n'étaient même pas en état d'en faire dès à présent partie. Si la société emprunteuse n'encourage en effet les efforts des obligataires pour accepter l'hypothèque et prendre l'inscription, elle le fait plus dans son intérêt que dans le leur, elle veut attirer les souscripteurs trop lents par l'appât d'une garantie qu'on leur présentera comme désormais assurée. On répond que le fait de souscrire une obligation entraînera adhésion à la société des obligataires, — cela n'est pas admissible, cette adhésion pourrait être supposée si la société emprunteuse en faisait une condition même de la souscription ou de l'achat de ses obligations (c'est ce qui a lieu après un concordat), mais elle ne peut résulter de la volonté de tierces personnes comme le sont celles qui fondent ces prétendues sociétés, ces personnes n'ont aucune qualité pour engager dans une société les futurs souscripteurs ou même les souscripteurs actuels qui ne le veulent pas, elles agissent simplement comme gérants d'affaires (1).

Enfin ces sociétés à l'effet d'accepter et d'inscrire l'hypothèque, fussent-elles valables, manquent évidemment de la personnalité civile, or cette personnalité était le seul but qu'elles poursuivaient, en dehors de lui toute leur utilité s'évanouit (2).

Nous reconnaissons que les sociétés formées en cas de faillite, si on les accepte comme valables, sont également dépourvues de personnalité, mais nous ferons d'abord remarquer que cela ne les paralyse pas entièrement comme les précédentes. Sans doute l'exercice des actions qui appartiennent aux créanciers n'est pas facilité par l'existence de la société, mais il reste à la société des obligataires un champ d'action assez vaste, elle peut éclairer ses membres,

(1) Le jugement de Bourges précité avait songé à valider l'opération par l'article 1121 du Code civil, mais il n'y a pas de stipulation et surtout l'avantage fait aux tiers n'est pas la *condition* de l'opération faite pour soi.

(2) Nous avons indiqué plus haut, p. 21, comment des obligataires pourraient faire pour accepter et inscrire une hypothèque qui leur serait offerte.

négocier un concordat, exercer sur les membres du conseil d'administration une pression plus forte que celle des obligataires isolés..... enfin, cette personnalité même qui lui manque, elle la peut acquérir, ou plutôt, pour parler exactement, elle peut en acquérir le principal avantage en contraignant la société en faillite dans le concordat, qui va bientôt intervenir, à renoncer à se prévaloir de la règle que *nul en France ne plaide par procureur*.

Ce point a été tout récemment très nettement établi à l'occasion de la liquidation judiciaire de la Compagnie des chemins de fer de Santa-Fé (1). Déjà la Cour de cassation (2) avait reconnu que la règle *nul ne plaide en France par procureur* n'est pas d'ordre public et qu'une société ne pouvait pas opposer l'irrégularité de la procédure d'un représentant des obligataires, alors que dans l'acte d'émission des obligations il avait été indiqué que les obligataires auraient une représentation collective et permanente, même pour les instances judiciaires. Dès lors la difficulté résultant du défaut de personnalité de la société des obligataires était tournée : il suffira d'insérer au concordat la clause que la société débitrice considère comme représentants de la société des obligataires les administrateurs désignés par cette dernière et renonce par avance au droit de réclamer la nullité

(1) Consultation de MM. Lyon-Caen et Martini.
(2) Cassation, 19 février 1884 (S. 1886, 1, 69).

des actes de procédure pour violation de la règle *nul ne plaide en France par procureur*. Cette clause devrait devenir de style dans les concordats des sociétés qui ont des obligataires, ceux-ci pourraient dès lors agir ; car l'action individuelle d'un obligataire est trop périlleuse dans de si grosses affaires et la faculté accordée aux actionnaires représentant le vingtième au moins du capital social de se faire représenter en justice par un mandataire (art. 17, loi du 24 juillet 1867), faculté qui revient à dire qu'on ne pourra leur opposer la règle : *nul ne plaide en France par procureur*, ne peut être étendue, en dehors d'un texte, à des obligataires qui représenteraient le vingtième au moins du capital emprunté ; quant à inscrire tous les noms des obligataires dans les actes de la procédure, il y a là une impossibilité résultant de leur nombre et souvent aussi de la difficulté de les connaître.

Il est vrai que « les conventions n'ayant d'effet qu'entre les parties contractantes » (1165, C. civ.). les tiers contre qui les obligataires pourraient avoir à plaider (par exemple en exerçant les actions de leur débiteur, la Société emprunteuse (1166, C. civ.), ou en agissant en révocation d'actes frauduleux faits par elle (1167, C. civ.), pourront toujours se prévaloir de la règle : *nul ne plaide en France par procureur*. La clause de renonciation à cette règle ne donne donc une sorte de personnalité à la société des obligataires qu'à l'égard de la société débitrice, mais il faut convenir que c'est le point qui importe le plus, les obligataires seront dès lors armés pour veiller à l'exécution exacte du concordat.

La société des obligataires continue en effet d'exister après le concordat et le rétablissement de la société emprunteuse à la tête de ses affaires, nous verrons plus loin quelles sont alors sa raison d'être et sa mission, il nous suffit ici d'établir la permanence de son existence. On pourrait objecter que son but est atteint : à savoir obtenir la meilleur solution possible à la faillite ; que le bénéfice est réalisé : à savoir la différence entre le tant 0/0 qu'on eût obtenu sans la société et le tant 0/0 qu'on a obtenu, — il faut répondre que le bénéfice n'est que promis, il n'est pas acquis, nous verrons plus loin que ce bénéfice ne doit être touché que peu à peu et qu'il est, en partie du moins, subordonné à la bonne gestion et à la prospérité de la société débitrice, les obligataires doivent donc rester en société pour exercer, outre les actions résultant du concordat ou de son inexécution, le droit de surveillance que ce concordat même leur accorde généralement.

CHAPITRE II

SITUATION FAITE AUX OBLIGATAIRES DANS LE CONCORDAT

Pour bien apprécier l'importance du second remède imaginé pour améliorer le sort des obligataires, il faut se rappeler ce que nous avons dit dans la première partie : d'une part du caractère d'avenir de l'entreprise, d'autre part de la situation particulière de l'obligataire à qui la vente immédiate de son titre permet d'escompter les avantages promis et espérés pour le futur. Ce deuxième remède consiste dans la promesse d'un dividende variable suivant les bénéfices au lieu ou à côté d'un dividende fixe uniforme.

Il convient de comparer cette combinaison ingénieuse avec l'addition au concordat de la clause *sauf retour à meilleure fortune*. Cette clause est assez peu usitée en pratique, et il faut convenir qu'elle n'offre pas un bien grand intérêt au cas de faillite d'un simple commerçant. Les créanciers de ce commerçant préfèrent obtenir un tant 0/0 plus considérable plutôt que de compter sur un avenir incertain ; généralement commerçants eux-mêmes ils inscrivent au compte de leurs pertes la partie remise de leur créance et arrêtent leurs comptes. Dans la majorité des cas du reste l'affaire n'offre pas de grandes chances de succès : le commerçant est inexpérimenté, pour ne rien dire de plus, ou son commerce n'est pas dans les conditions économiques voulues pour prospérer, soit par suite de l'absence de débouchés suffisants, de la concurrence, ou de la cherté du prix de revient...., en tous cas le temps pourra manquer pour relever l'affaire qui sera arrêtée par la mort du commerçant, si elle ne l'est pas auparavant par la vente de son fonds, — nous disons que l'affaire sera arrêtée, non pas que l'exploitation ne puisse être continuée par un autre, mais en ce sens que la clause *sauf retour à meilleure fortune* ne permettra pas d'atteindre ce successeur qui pourra faire de très belles affaires. En admettant même l'enrichissement survenu, l'application de la clause sera fort délicate : on ne songera pas à arracher au commerçant ses moindres bénéfices au fur et à mesure qu'ils se formeront ; c'est à sa mort seulement qu'on pourra, en général, examiner le montant de sa succession, encore faudra-t-il, sous peine d'être inhumain, laisser à sa famille de quoi subsister. La clause *sauf retour à meilleure fortune* n'a donc vraiment d'intérêt, dans la plupart des cas, que pour des acquisitions qui ne proviendraient pas directement du commerce de notre commerçant, mais qui lui arriveraient d'autre part (*extrinsecus*), par exemple d'une riche succession qu'il ferait, d'un lot qu'il gagnerait.

Toute autre est la situation d'une société en faillite, sans doute il n'y a pas à tenir compte ici de ces acquisitions extrinsèques tout à fait sans rapport avec le passif social, mais il y a souvent lieu d'espérer des acquisitions provenant de l'entreprise elle-même et un retour *non seulement à meilleure, mais à très bonne fortune*. — La société d'abord a le temps devant elle, la faillite survient généralement plutôt vers les débuts que vers la fin du temps fixé pour la durée de la société ; en tous cas, si l'affaire tourne bien, on pourra prolonger cette durée et les obligataires n'auront pas devant eux une nouvelle société, mais la même personne, le même être moral continuant d'exister et, par suite, toujours passible de la clause *sauf retour à meilleure fortune* (1). — Si les administrateurs manquent des qualités nécessaires pour le relèvement de l'affaire, ils peuvent toujours être remplacés par l'assemblée des actionnaires, qui, elle aussi, a intérêt à ce relèvement. — L'affaire peut avoir de l'avenir, la faillite n'étant qu'un accident causé par les frais souvent considérables d'établissement et la longueur d'une période improductive. — Enfin les obligataires sont dans une situation qui leur permet de profiter de cet avenir, nous avons déjà dit pourquoi et comment.

(1) Concordats de Santa-Fé et des chemins argentins, art. 4.

Dans ces conditions le concordat pur et simple serait une véritable injustice pour les créanciers : ils devraient, réduits à un tant 0/0 souvent minime, et nécessairement faible eu égard aux circonstances dans lesquelles le concordat se forme, assister au relèvement, puis à la prospérité de l'entreprise, prospérité facilitée par cette faillite même qui a déchargé la société d'une partie de sa dette (1), prospérité à laquelle ils auraient contribué directement en fournissant les fonds nécessaires à l'établissement ou au développement de l'affaire, prospérité qui profiterait aux seuls actionnaires, qui strictement n'auraient dû rien toucher avant complète satisfaction donnée aux obligations dont le capital actions est la garantie.

Rien n'est donc plus naturel ni plus légitime que l'insertion de la clause *sauf retour à meilleure fortune*. Là où les difficultés apparaissent, c'est quand il s'agit d'adapter cette clause à une société en faillite et à des créanciers obligataires.

Cette adaptation a été essayée de deux manières différentes, en conservant toujours aux obligataires les caractères propres de leurs titres de créance,

(1) On peut même dire que, dans bien des cas, des remises égales allégeront une Société plus qu'elles n'auraient allégé un commerçant ordinaire : en effet le commerçant n'est débiteur qu'à court terme, la partie remise est donc presqu'insignifiante sur les intértês ; la Société est débitrice à très long terme, elle se ressentira donc très longtemps de l'allègement résultant de la remise faite sur les intérêts d'un capital dont elle peut continuer à jouir longtemps.

c'est-à-dire le droit à des intérêts et à un remboursement par voie de tirages au sort, et en échangeant leurs obligations anciennes contre de nouvelles.

Un premier procédé consiste à promettre le remboursement de ces obligations nouvelles par voie de tirages, dans une période déterminée, à un taux voisin de celui de production des anciennes et à payer jusque là un intérêt fixe, augmenté d'un intérêt variable à déterminer chaque année suivant les fonds disponibles, mais ne pouvant jamais dépasser un certain taux (1).

Le deuxième procédé est plus simple, il consiste à laisser intacts le taux du remboursement et celui de l'intérêt des obligations, mais à subordonner à la fois le paiement de cet intérêt et l'amortissement à l'existence de disponibilités (2).

Telle est, en quelques mots, l'économie de ces concordats, il serait très compliqué et superflu d'entrer dans les détails de chacun d'eux, détails dépendant des circonstances de fait. Après en avoir relevé les points communs, nous avons hâte d'arriver aux questions de droit qu'ils soulèvent :

Un concordat est « un *traité* », dit la loi, mais la doctrine et la jurisprudence sont d'accord pour préciser dans quelles conditions ce traité est possible ; en

(1) Concordat du Crédit foncier colonial, art. 5 et 7.

(2) Concordats de Santa-Fé et des chemins argentins, art. 4. Dans ce dernier l'amortissement se fera par rachat en bourse, si le cours des obligations est au-dessous du pair.

dehors de ces conditions la majorité ne pourrait pas l'imposer à la minorité, il faudrait pour l'adopter l'unanimité des créanciers.

C'est ce que la Cour de Paris a eu l'occasion de préciser à propos justement de la faillite d'une société anonyme et d'un concordat qui avait pour but de transformer les obligataires en actionnaires :

« La loi du concordat ne peut être imposée à la minorité dissidente qu'autant qu'il s'agit d'un véritable règlement de créances, soit par atermoiement, soit par remise d'une partie du capital ou des intérêts, soit par tous pactes accessoires qui sont permis, pourvu que l'effet de ces diverses stipulations soit de modifier seulement la créance et de laisser subsister la qualité de créanciers (1) ».

Laisser subsister la qualité de créanciers, telle est donc la première condition, la seconde c'est d'établir un traitement égal entre tous les créanciers chirographaires de la faillite. Nos concordats répondent-ils à ces deux conditions ? C'est ce qu'il faut maintenant examiner :

La qualité de créanciers subsiste-t-elle ? — Dans les concordats qui promettent aux obligataires un coupon d'intérêt fixe et un amortissement par voie de tirages au sort en tant d'années, celà ne peut pas faire doute, le coupon variable, subordonné au rendement de l'entreprise, n'étant qu'un accessoire.

(1) Paris, 12 juillet 1869, S. 1871, 2, 233 ou D. 1870, 2, 7.

Mais dans les concordats qui subordonnent l'intérêt tout entier et l'amortissement des obligations à l'existence de disponibilités, la qualité de créanciers subsiste-t-elle pour les porteurs de ces titres ? — La question peut faire doute. On pourrait être tenté de comparer ces obligataires d'un nouveau genre à des porteurs d'actions de priorité (1). Comme eux, ils n'ont droit qu'à un intérêt prélevé sur les bénéfices et ils y ont droit avant les actionnaires ordinaires ; comme eux, à la dissolution de la société ils ont droit de prendre leurs parts dans l'actif social avant les actionnaires ordinaires ; comme eux, ils n'ont droit à rien, tant qu'il existe des créanciers ordinaires non payés. — Néanmoins nous ne pensons pas que les porteurs d'obligations nouvelles deviennent actionnaires : d'abord le revenu de leurs titres est limité d'avance, quels que soient les bénéfices réalisés ; d'autre part ce revenu est fixé pour chaque année de sorte que ce qui n'a pas pu être payé une année reste dû pendant les années suivantes, jusqu'à ce que les bénéfices permettent de le payer, et si, à la fin de la société, il reste dû quelque chose des intérêts, ce quelque chose s'ajoute au capital pour être prélevé sur le fonds social avant toute attribution aux actionnaires (2). Telle n'est pas la situation des actionnaires,

(1) Lyon-Caen et Renault, *Traité de droit commercial*, t. II, n° 563 bis.

(2) Concordats de Santa-Fé et des chemins argentins, art. 4, — du Crédit foncier colonial, art. 9.

leur revenu n'est pas *limité*, mais aussi il n'est pas *fixé* et, fussent-ils porteurs d'actions de priorité, à la dissolution de la société ils n'ont rien à prélever au delà de leur part pour se récupérer de n'avoir pas touché un revenu *de tant*. Enfin la grande différence, c'est que les porteurs de titres nouveaux n'ont pas, quant à l'administration de la société, les mêmes droits que les actionnaires (voir le chapitre suivant) ; s'ils devenaient actionnaires, il y aurait augmentation du capital social par le fait de l'apport de leurs créances, or cette augmentation n'est possible qu'avec le concours de l'assemblée générale extraordinaire, condition dont on ne s'est pas préoccupé.

On pourrait aussi être tenté de comparer les porteurs de titres nouveaux à des participants associés avec la Société concordataire. Les caractères de l'association en participation se retrouvent en effet : c'est une association qui n'a pas à se révéler aux tiers, elle résulte de l'accord des associés, ici cet accord est contenu dans un traité (le concordat) ; rien n'empêche qu'il ne soit convenu que certains participants ne seront tenus de subir les pertes que jusqu'à concurrence de leurs mises (1) ; on peut aussi limiter le montant des bénéfices auxquels ils auraient droit. Les obligataires, porteurs de titres nouveaux, sont évidemment dans ces conditions, les règles de

(1) Lyon-Caen et Renault, *Traité de droit commercial*, t. II, n° 1065. C'est une commandite en participation.

l'association en participation sont si souples qu'elle se prête à tout, nous pensons cependant qu'ils conservent la qualité de créanciers.

Celà ressort tout d'abord de l'intention même des parties : entre la société faillie et les obligataires, ce n'est pas un contrat nouveau qui est intervenu, c'est un contrat ancien qui a été modifié dans son exécution, et celà par la force même des choses ; mais ce contrat est resté le même dans sa nature, on a cherché à se rapprocher le plus possible de son mode d'exécution primitif, ce mode est celui qu'on emploiera si le rendement de l'entreprise le permet ; enfin les titres conservent la même forme et le même nom : *obligations*.

Cette manière de comprendre l'opération assure davantage la situation des obligataires, ils conservent dès lors, comme tout créancier, le droit de demander la résolution du concordat pour inexécution (art. 520, C. com.). Cette résolution, dira-t-on, ne se comprend pas, puisque la Société concordataire n'a pris aucun engagement ferme. — Il faut répondre que la Société, par contre, s'est engagée à employer ses fonds d'une manière déterminée et à accorder aux obligataires des droits de contrôle importants, comme nous le verrons au chapitre suivant. Le seul fait pour elle de disposer autrement des fonds, de s'opposer aux droits de contrôle tels qu'ils sont réglés, constituerait une inexécution du concordat et motiverait sa résolution. Dans cette nouvelle faillite les obligataires figureraient pour la même somme que dans la première, sous la déduction de la portion correspondante au dividende qu'ils auraient touché (art. 526, C. com.) ; comme l'amortissement des obligations se fait d'un seul coup par voie de tirages au sort, les obligataires remboursés seraient en dehors de la nouvelle faillite ; quant aux autres ils produiraient pour la même somme qu'à la première, plus la différence entre l'intérêt de leurs anciens titres et l'intérêt effectivement touché, puisque la Société reconnaissait rester débitrice de cette différence et avoir à la payer sur les disponibilités futures.

Nous n'avons parlé jusqu'ici que des obligataires, mais (bien que ceux-ci forment généralement la grande majorité des créanciers sociaux) la société peut avoir d'autres créanciers (à raison de fournitures, par exemple), comment seront-ils payés ? — On leur offre de prendre autant d'obligations nouvelles que leur créance contient de multiples de 500 francs par exemple, si tel est le montant nominal des nouveaux titres (1), mais comme cette combinaison change, sinon leur caractère de créanciers, du moins les caractères de leur créance (puisque de créanciers à terme certain et relativement court, on en fait des obligataires remboursables par voie de tirages au sort

(1) Concordats de Santa-Fé, des chemins argentins et du Crédit foncier colonial, art. 5.

et qu'on subordonne encore tout cela à l'existence de disponibilités), on leur offre une autre combinaison consistant dans des répartitions échelonnées d'années en années et comprenant un dividende sur ce qui leur est dû, plus, quelquefois, un intérêt sur ce qui leur reste dû (1). Cette combinaison est celle qu'indique la loi et qu'on emploie dans les faillites ordinaires, seulement les Sociétés, préférant de beaucoup l'autre combinaison qui les décharge de tout le passif, puisque l'existence même de leur dette est subordonnée à l'existence de disponibilités, rendent la combinaison du dividende fixe inacceptable en le promettant tellement minime qu'il devient dérisoire. Il est vrai qu'il est dû *ferme* et que ceux qui choisissent ce parti seront payés avant ceux qui auront opté pour les titres nouveaux, ces titres ne donnant droit qu'aux disponibilités et les disponibilités ne se calculant qu'après déduction de ce qui est dû à ceux qui ont préféré le dividende fixe (2). Néanmoins cette sécurité plus grande, cette sorte de droit de préférence ne compensent pas le taux minime du dividende.

Il faut ajouter que cette combinaison n'a été proposée que pour se mettre en règle avec la loi, on a craint que le tribunal ne refusât d'homologuer un con-

(1) Concordats de Santa-Fé et des chemins argentins, art. 4.
(2) Concordats de Santa-Fé et des chemins argentins, art. 7, — du Crédit foncier colonial, art. 9.

cordat renfermant, de la part des créanciers, une remise éventuelle de la totalité de leurs créances, c'est ce qui aurait eu lieu, si la seule combinaison proposée avait été celle des obligations à intérêts et à amortissement subordonnés à l'existence de disponibilités. On aurait pu dire alors : la qualité de créanciers ne subsiste plus, les porteurs de nouveaux titres sont des actionnaires ou des participants, la majorité ne saurait imposer cette transformation à la minorité dans un concordat.

Grâce à la proposition faite par la Société de payer un dividende fixe, il est loisible à *tous* les créanciers de la société, obligataires ou non, de se contenter de ce dividende fixe, c'est ce qui sera même présumé, s'il n'y a pas de leur part un acte positif, par lequel ils déclarent choisir l'autre parti (recevoir des obligations subordonnées aux bénéfices) (1), ainsi on respecte la loi : la majorité ne pourrait imposer à la minorité de devenir *participante* de l'entreprise, il faudrait l'unanimité de tous les créanciers, ici il y a unanimité de tous ceux qui deviennent participants, puisque ne deviennent participants que ceux qui l'ont expressément voulu, les autres touchent des dividendes fixes comme dans toute faillite.

Pour nous, qui pensons que la qualité de créanciers subsiste, même pour ceux qui ont échangé leurs titres

(1) Concordats de Santa-Fé et des chemins argentins, art. 6, — du Crédit foncier colonial, art. 8.

contre de nouveaux, ce raisonnement est superflu, s'il fallait en effet faire reposer sur lui la validité du concordat, nous conserverions des doutes. Le parti qui consiste à accepter un dividende fixe est tellement désavantageux que l'hésitation ne se conçoit même pas, l'autre parti est seul acceptable, on n'a donc pas à choisir ; la loi ne serait respectée qu'en apparence, la transformation de tous les créanciers en participants se trouvant, pour ainsi dire, imposée.

Ceci nous amène à examiner si la deuxième condition exigée pour un concordat est vraiment remplie : y a-t-il égalité de traitement entre les créanciers? Au premier abord il semble que non, nous venons de faire ressortir les différences des deux partis proposés, mais il faut remarquer que les deux partis sont proposés tant aux obligataires qu'aux autres créanciers ; l'égalité entre créanciers réside, non pas dans le parti que chacun choisira, mais dans le droit pour chacun de choisir tel parti qu'il lui plaira, chacun ayant le droit d'option (1).

Si toutefois il se trouvait quelques créanciers à qui l'un des deux partis se trouve imposé, l'égalité serait rompue ; c'est ce qui aura lieu pour les créanciers dont le chiffre de la créance ne sera pas exactement divisible par le chiffre du montant des nouvelles obligations, il y aura alors un solde qui pourra varier de 1

(1) Concordats de Santa-Fé et des chemins argentins, art. 3, — du Crédit foncier colonial, art. 4.

à 500 francs (si les obligations nouvelles sont de 500 fr.), pour lequel ils seront *forcés* d'accepter le dividende fixe ; le choix n'existe donc pas pour eux, au moins pour une partie de leur créance, car on ne saurait dire qu'il leur est loisible de débourser l'argent nécessaire pour compléter les 500 francs et que cette singulière faculté, pour des créanciers non payés, de payer encore quelque chose suffit à assurer la liberté de leur choix. Il faut remarquer toutefois qu'il ne s'agit là que de sommes toujours assez minimes ; nous pensons néanmoins que, pour ces sommes même, l'égalité entre créanciers devrait être respectée.

Ces concordats aboutissent donc à la transformation de presque tous les créanciers en obligataires. Cette solution, en elle-même, nous paraît légitime, mais cadre-t-elle bien avec l'état actuel des textes? — Comme elle est très bonne financièrement, on ne l'attaque pas, il serait préférable qu'elle soit franchement légale.

Question de la production pour les primes ou les lots.

Eludée par rapport à l'obligataire qui échange son obligation ancienne contre une nouvelle, la question des primes ne l'est pas à l'égard de la faillite ; il importe de savoir pour combien chaque obligation ancienne sera admise au passif à plusieurs points de vue : d'abord pour s'assurer si la majorité en somme requise pour le concordat est obtenue ; ensuite pour rendre possible aux obligataires qui le choisiraient le parti consistant à accepter un dividende fixe de tant 0/0 ; enfin pour les répartitions à faire en cas d'union, si le concordat était rejeté. On ne peut donc échapper entièrement à cette question difficile en théorie et en pratique (1).

En théorie, trois systèmes sont soutenables : 1° les obligataires peuvent produire pour le taux nominal de leurs titres ; 2° ils ne peuvent produire que pour le taux d'émission ; 3° ils peuvent produire pour le taux d'émission augmenté de quelque chose.

Le premier système se présente de suite comme le plus logique : « peu importe ce que j'ai versé, la Société reconnaît me devoir 500 francs, comme elle perd le bénéfice du terme, elle doit me payer 500 francs ». La question de savoir si la combinaison est usuraire et contraire à la loi de 1807 limitant le taux de l'intérêt, restreinte aux obligations émises par des sociétés civiles depuis 1886, est indépendante de la faillite et n'a pas à être examinée ici ; la combinaison étant dé-

(1) Outre les ouvrages généraux, voir Rataud, *Revue critique*, 1864, p. 193. — Le Courtois, *Le remboursement anticipé des obligations des compagnies de chemins de fer* (extrait de la *France judiciaire*, t. IV, 1re partie, p. 441) et la note de M. Labbé, S. 1883, 1, 441.

clarée valable conduit à cette conclusion : production pour le capital nominal.

On objecte à ce système trois arguments : en fait, dit-on, la faillite serait un avantage pour les obligataires auxquels elle assurerait le paiement immédiat de la prime, il serait singulier de voir les titres augmenter de valeur par l'effet de la faillite. — Cet argument ne nous paraît pas décisif, nous avons montré plus haut que la suppression du terme n'est pas un avantage pour l'obligataire, au moins dans beaucoup de cas, nous ajouterons que, bien qu'il puisse produire pour le tout (taux d'émission et prime) 500 francs, il ne touchera pas cette somme, mais un dividende sur cette somme, peut-être même ne touchera-t-il pas le taux d'émission, 300 francs ; cette perspective n'est pas de nature à faire hausser le cours du titre ; en effet les faillites donnant 100 0/0 sont extrêmement rares, en tous cas les sociétés, qui ont toujours une certaine force de résistance et ne se résolvent à la faillite qu'à toute extrémité, ne se trouveront probablement jamais dans ce cas.

Le deuxième argument est plus sérieux, il est tiré de la façon dont, en fait, les primes sont formées : la société paye un intérêt, mettons 5 0/0, elle pourrait payer plus, soit 6 0/0, c'est au moyen du franc retenu, placé à intérêt composé, qu'elle forme les primes de remboursement, ce franc retenu fait partie de l'intérêt dû, la prime n'est qu'un composé de parties d'intérêt prélevées sur chaque obligation, or la faillite arrête le cours des intérêts (445, C. com.), donc la prime n'est pas due. — Nous répondons que cette manière d'expliquer l'amortissement est sinon inexacte, du moins incomplète, elle n'expliquerait pas la progression croissante du nombre d'obligations amorties par an. En réalité la société consacre chaque année *la même annuité aux obligations*, soit 6 0/0 ; supposons 100 obligations de 100 francs chacune, cela fera par an 600 francs, ne payant que 5 0/0 d'intérêt, chaque année la société économise 100 francs ; au bout de deux années, la société pourra rembourser une obligation à 200 francs, si nous les supposons remboursables à 200 francs, or cette obligation remboursée, au regard de la société, sera considérée comme *subsistante*, la société continuera de lui servir un intérêt, puisque pour 99 obligations réellement existantes dès lors, elle mettra de côté la *même* annuité que lorsqu'il y en avait 100, à savoir toujours 600 francs, mais sur ces 600 francs, outre les 100 francs qu'elle retient en ne payant que 5 0/0 d'intérêt au lieu de 6 0/0, elle retiendra 5 francs pour l'obligation amortie à laquelle elle n'a plus rien à payer, et elle consacrera ces 5 francs à l'amortissement, qui recevra ainsi une amplitude plus grande. Au bout de quelques années, les sommes consacrées à l'amortissement et au paiement des primes proviendront en grande partie des intérêts servis par la société aux obligations amorties, anéanties, n'existant plus, ou, si l'on veut, obligations amorties que la société se regarde comme ayant rachetées et dont elle se paye l'intérêt à elle-même pour le distribuer sous forme de prime. Tout cela n'est qu'un procédé de comptabilité, ces intérêts n'ont d'intérêt que le nom, il est tout à fait hors de propos de leur appliquer l'article 445 du Code de commerce : cet article suspend le cours des intérêts « *à l'égard de la masse seulement* » pour maintenir l'égalité entre tous les créanciers, mais, dans notre combinaison, ceux dont les obligations ont été amorties ne sont pas créanciers de la faillite, c'est précisément avec l'intérêt servi à leurs titres que sont formées les primes, c'est-à-dire avec un intérêt servi par la société en souvenir de titres anéantis, qui n'ont plus de porteurs par conséquent, ou, si l'on veut, avec un intérêt servi par la société à elle-même; or, par rapport à elle, le cours des intérêts n'est pas suspendu : les primes à distribuer sont formées de ces intérêts qui ne répondent plus qu'à des obligations remboursées et que la société s'est engagée par le tableau d'amortissement à continuer de payer même après l'anéantissement des titres, mais sous une autre forme, en d'autres termes, les primes sont formées de sommes que la société prélève sur elle-même, qu'elle a promis de prélever sur elle-même quand elle a établi son tableau d'amortissement de telle sorte qu'elle promettait de consacrer la même somme aux intérêts chaque année, qu'il y ait

100 obligations ou qu'il y en ait 10 ; les sommes retenues sur les porteurs d'obligations ne forment qu'un total de plus en plus insignifiant dans la composition des primes comparées aux sommes provenant des intérêts devenus disponibles par suite des remboursements et servent surtout de mise en train au début de l'opération. En résumé, nous dirons qu'il n'y a pas dans la prime d'intérêts, il n'y a pas d'intérêts prélevés sur des créanciers de la faillite, puisque les primes se composent presque entièrement et doivent se composer de plus en plus d'intérêts qui ne sont prélevés sur personne, les porteurs des titres, en représentation desquels ils continuent d'être servis, ayant été largement désintéressés et même favorisés par le remboursement précoce, il n'y a que des sommes prélevées par la société sur elle-même.

Les primes ne sont pas davantage regardées comme des intérêts accumulés par ceux qui les touchent, elles sont regardées comme faisant partie intégrante du capital, s'il n'en était point ainsi, la prime deviendrait la propriété de l'usufruitier ; or la jurisprudence et la doctrine l'attribuent au nu-propriétaire — la prime, comme le remarque M. Labbé, est formée d'intérêts, mais capitalisés, transformés en capital, et cela indépendamment de la volonté du nu-propriétaire, qui n'a rien fait pour en priver l'usufruitier. — Nous préférons dire que la prime par rapport à l'obligataire est un capital, c'est comme un lot ; par rapport à la société que la prime soit un composé d'intérêts, peu importe ici; qu'on en tire un argument pour dire que l'opération, prise dans son ensemble, n'est pas usuraire, soit, parce que pour juger si l'emprunt est usuraire, *c'est la situation de l'emprunteur qu'il faut considérer* (il est bien clair que le prêteur qui est remboursé dans les premières années reçoit de son argent une rémunération dépassant le taux légal), mais pour savoir la nature de ce qui est dû, il faut se placer à un autre point de vue, il faut examiner ce qui a été promis, et sous quelle forme cela a été promis, *c'est la situation du prêteur qu'il faut considérer*, or ici la prime est promise sous forme de capital; on répète toujours c'est une opération d'ensemble, la société ne distingue pas les obligations amorties et celles qui ne le sont pas, elle paie à MM. les porteurs d'obligations une somme de tant par an, peu lui importe à qui et sous quelle forme. Peu lui importe à elle, mais pour les porteurs, la situation n'est pas la même : les uns ne reçoivent rien parce qu'ils sont déjà remboursés, les autres ne reçoivent qu'un intérêt, d'autres sont remboursés avec prime, cela leur importe beaucoup, or l'article 445 est fait pour eux. Si l'on tient, *même vis-à-vis des porteurs*, à prendre l'opération comme un ensemble, comme un tout, comme un bloc, il faut dire que ceux qui ont touché la prime avant la faillite, la doivent rapporter en partie, ils ont en effet touché des intérêts postérieurs au jugement déclaratif, tout comme en toucheront ceux qui produisent à la faillite pour le montant nominal de leurs titres, or qui oserait aller jusque-là ? C'est cependant où conduit logiquement *la théorie du bloc*. La prime ne représente donc des intérêts qu'au regard seulement de la société, encore n'est-ce là pour elle qu'une fiction de comptabilité destinée à simplifier les opérations et surtout à égaliser en la répartissant sur un grand nombre d'années la somme à consacrer au service des obligations, le capital destiné au remboursement, abstraction faite de la prime, se présente, lui aussi, sous forme d'intérêts par rapport à la société, comment prétendre dès lors que l'article 445 du Code de commerce s'applique à cette combinaison ?

L'article 445 n'est que la conséquence de l'article 444 : la créance devenant exigible, il n'y a plus lieu à des paiements d'intérêts, mais l'intérêt, qu'on veuille bien le remarquer, est calculé sur le montant nominal et non sur le taux d'émission, c'est du moins ce qui est inscrit sur les titres ; cet intérêt on ne le sacrifie tout entier que parce que la totalité de la créance (montant nominal) est exigible de suite, il y a corrélation entre les deux choses. Pour les effets de commerce aucune réduction ne devrait se faire (1), cela ressort formellement des travaux préparatoires de la

(1) Lyon-Caen et Renault, *Précis de droit commercial*, nos 2699 et 2700. — Jurisprudence en sens contraire, à Paris.

loi de 1838 (1), et cependant la réduction se comprendrait mieux là que pour les obligations ; les effets de commerce ne portent pas intérêt, l'intérêt est donc compris dans leur montant nominal, si l'on veut les toucher avant l'échéance, il faut le déduire, c'est l'*escompte* et cependant on décide que l'article 445 ne s'applique pas à eux (2) ; pour les obligations, qui, elles, portent intérêt, on suspend cet intérêt, l'article 445 est appliqué, pourquoi l'appliquer une *deuxième fois* en prétendant que dans le capital promis se trouvent *encore* des intérêts ?

Nous ne sommes entrés dans cette discussion que parce que les auteurs et les tribunaux s'y étaient engagés, mais nous pensons que le fonctionnement de l'amortissement n'est pas un élément de solution de la question : peu importe à l'obligataire la combinaison financière employée pour le rembourser ; on lui a promis une somme de tant sous forme de capital, il y a droit, quel que soit le procédé employé pour l'obtenir; si la faillite survient, il produit pour ce capital. Il y a du reste des cas où le capital versé est impossible à déterminer, il en est ainsi pour les obligations émises *au robinet* d'après le cours du jour, sur

(1) Renouard, *Traité des faillites* (3e éd.), t. 1, p. 341.

(2) La loi belge ne fait subir de réduction qu'aux créances *ne portant pas intérêt*, en matière commerciale en effet, cette particularité fait présumer que l'intérêt est *compris* dans le montant de la créance : l'obligation, portant intérêt, ne rentre pas dans cette catégorie.

quelle base opèrera-t-on dans ces cas? On est encore là obligé de se livrer à des moyennes qui n'ont rien de juridique. Enfin l'obligataire ignore le plus souvent et est en droit d'ignorer le taux d'émission qui ne figure pas sur son titre, c'est tromper le public que de laisser circuler des promesses de payer qui ne représentent pas la valeur qu'elles portent.

En admettant même comme valable l'argument tiré de l'arrêt du cours des intérêts (445, C. com.), il ne s'appliquera pas aux obligations garanties par un gage ou une hypothèque, pour elles le cours des intérêts n'est pas arrêté par la faillite. L'argument ne s'applique pas non plus aux sociétés civiles, qui, n'ayant pas profité de la faculté accordée par la loi de 1893 de se commercialiser, ne sont pas sujettes à la faillite, là encore les obligataires peuvent se présenter à la déconfiture pour le taux nominal de leurs titres.

Il a donc fallu recourir à un autre argument applicable à tous les cas. Le remboursement des obligations avec prime, a-t-on dit, est subordonné à la continuation de l'entreprise pendant la période fixée pour l'amortissement, il y a là une condition tacite qui fait partie du contrat, qui est même exprimée jusqu'à un certain point par ce fait que le tableau d'amortissement est en général transcrit au dos des titres, la faillite survenant, il n'y a lieu qu'à des dommages et intérêts pour inexécution de la condition du contrat, mais il n'y a pas lieu à production pour la prime. — Cet argument nous paraît faible, on pourrait l'appliquer à toute dette de failli, le failli pouvant toujours dire : « je n'ai promis *tant* que parce que j'espérais continuer fructueusement mon commerce, revendre, par exemple, la marchandise que vous m'avez vendue plus cher que je ne l'avais achetée, ce n'est qu'à cette condition que je vous l'ai payée plus cher qu'elle ne vous avait coûté, je n'ai pu le faire, vous n'avez droit qu'au prix pour lequel j'ai revendu, plus des dommages et intérêts ». Ce n'est qu'*utilitatis causa* qu'on voit dans le cas d'obligation une condition, en réalité cette condition tacite pourrait-être sous-entendue dans tout contrat, on peut dire qu'elle est sous-entendue toujours, mais voici comment il faut la traduire : « si vous ne pouvez me payer le montant nominal de ma créance par suite de mauvaises affaires, je n'aurai droit qu'à un dividende, mais calculé sur ce montant *sans déduction* ». En tous cas, l'argument va plus loin que ceux qui l'emploient : ils prétendent en effet que des dommages et intérêts sont dus à raison de l'inexécution de la condition, mais cette inexécution est le résultat de la faillite, et jamais il n'est dû de dommages et intérêts à raison de la faillite ; il faudrait donc conclure logiquement que les obligataires ne peuvent produire que pour le taux d'émission, rien de plus : la retenue faite sur les intérêts de leurs titres jusqu'à la faillite n'étant que le prix de la chance qu'ils couraient d'être remboursés dès cette époque.

Quelques-uns ont dit : la durée du prêt est la *cause* du droit à la prime. — Nous ne comprenons pas ce qu'on veut exprimer par là : dans un contrat de louage l'obligation de payer les loyers a sa *cause* dans l'obligation de fournir la jouissance de la chose louée (1), mais le *temps* à lui seul n'est pas et ne peut pas être la *cause* d'une obligation.

On dit alors il y a une obligation de *faire* (faire les tirages) qui ne peut s'exécuter, car elle doit s'exécuter peu à peu avec le temps. — L'obligation de faire est entièrement secondaire, comme son seul but est de déterminer le terme, il va de soi que, le terme disparaissant, son utilité disparaît, il reste une obligation de *donner* pure et simple (2).

Qu'y a-t-il donc de si excessif à admettre les obligataires pour le montant nominal de leurs titres ?

On dit : la faillite va profiter aux obligataires en leur assurant de suite la prime, elle fera monter le cours des titres.— Nous avons répondu à cet argument, en tous cas il perdrait beaucoup de sa force si le système que nous proposons était consacré, car le cours des obli-

(1) Et cependant on permet encore au propriétaire de toucher des loyers *par anticipation* (550, C. com.).

(2) M. le Courtois réfute très bien toutes ces objections, mais croit devoir respecter l'argument tiré de l'art. 445 C. com., aussi n'admet-il la réduction de la prime qu'au cas de faillite de la société et non au cas de liquidation ou dissolution volontaire.

gations s'éloignerait moins du pair avant la faillite. Mais on continue : parmi les obligataires qui produisent à la faillite, beaucoup auraient dû attendre un assez long temps avant d'être remboursés, ils y gagnent de l'être de suite. — Il ne faut pas oublier qu'ils n'auront qu'un dividende, s'ils l'ont de suite, ceci est l'effet de l'article 444 du Code de commerce qui impose au failli la déchéance du terme. Si l'on décide, comme nous avons vu des auteurs le faire, que, pour les effets de commerce, le commerçant peut produire pour le montant nominal sans déduction d'escompte, il faut le décider de même pour l'obligataire, il n'y a qu'une différence du plus au moins. Il y a même un *a fortiori* en faveur de l'obligataire. Sans doute son terme était plus long, mais ce terme était le plus souvent en sa faveur, c'est ce que nous avons montré plus haut en nous appuyant même sur des décisions de jurisprudence, la déchéance du terme est donc un tort qu'on lui fait plutôt qu'un avantage. Qui pourrait dire qu'il en est de même pour le commerçant porteur d'un effet de commerce, il aurait dû le plus souvent le faire escompter avant terme et subir une retenue, la déchéance du terme n'est pas une défaveur pour lui. Enfin le terme de l'obligataire pouvait n'être pas très long, cela dépendait du sort, telles obligations auraient pu sortir l'année même de la faillite, si le tirage avait eu lieu, celles même qui ne seraient pas sorties, eussent profité, dans une certaine mesure, du tirage par suite de la hausse progressive des cours à mesure que le terme fixé pour l'amortissement approchait.

Nous avons donné les arguments de droit qui nous font adopter le système de la production pour le montant nominal des obligations, nous avons essayé de réfuter les objections, il nous reste à le justifier en fait. Nous rappellerons d'abord les difficultés sans nombre qu'entraînent l'établissement et le calcul de cette plus-value qu'on s'accorde à reconnaître due au delà du taux d'émission, car la jurisprudence n'a jamais accepté qu'on ne produise que pour le taux d'émission, mais le calcul a été fait chaque fois d'une façon différente, la difficulté en est encore augmentée quand le taux d'émission ne peut être connu, enfin la Cour de cassation a déclaré rester étrangère à la manière de procéder, qui se trouve entièrement laissée à la discrétion des syndics. Avec le système de production pour le montant nominal du titre, aucune difficulté. Enfin, si l'on persiste à voir dans ce système un certain avantage pour l'obligataire, il ne nous paraît pas injustifiable ; nous verrons plus loin tout ce qui a été proposé en France pour la protection des obligataires, nous verrons ce qui a été fait à l'étranger, nous trouverons ces systèmes peut-être excessifs, entravant les sociétés, en affaiblissant le crédit, mais n'y a-t-il pas un premier moyen plus simple de les protéger, c'est de leur accorder tout ce que la loi permet, en un mot tout ce que nous considérons comme leur droit.

Nous convenons sans peine que ce système serait excessif, s'il s'agissait de primes considérables, les obligataires écraseraient les autres créanciers de la société et, si le système était consacré, le crédit de ces sociétés, augmenté d'une part par la facilité avec laquelle elles emprunteraient, serait fortement diminué d'autre part; mais n'y aurait-il pas là quelque chose d'assez juste? L'appât de très fortes primes est un procédé un peu louche, on n'arrive à le concilier avec la loi qui prohibe les loteries, qu'en regardant la prime comme un *accessoire* d'un prêt à intérêt. Si elle est trop considérable, l'accessoire devient le principal, c'est ce que le projet de loi de 1884 (art. 75) (1) avait voulu empêcher, mais sa rédaction défectueuse laissait place à la fraude. En décidant qu'en cas de faillite la société devra le taux nominal inscrit sur les titres, on réprimerait peut-être mieux l'abus qu'on cherche à prévenir : les administrateurs réfléchiraient avant de s'exposer à avoir un pareil passif exigible de suite, tandis qu'il ne leur coûte rien de promettre des primes énormes qui seront un gros appât pour le pu-

(1) Les sociétés ne peuvent émettre d'obligations remboursables par voie de tirage au sort à un taux supérieur au prix d'émission qu'à la condition que ces obligations rapporteront 3 pour 0/0 d'intérêts au moins et que toutes soient remboursables par la même somme, à peine de nullité.

blic et un faible poids pour la faillite de la société, dont la date n'est peut-être pas éloignée.

En attendant que les habitudes financières se réforment, un article de loi analogue à l'article 76 du projet de 1884 (1) serait désirable, le calcul du supplément au taux d'émission dû à raison de la prime serait établi d'une façon, sinon juridique, du moins légale et certaine.

Voisine de celle de la production des obligations à primes, la question de la production des obligations à lots se présente cependant sous un aspect juridique différent : ici toutes les obligations n'étaient pas appelées à recevoir le lot, l'obligation *de faire* de la société (obligation de faire les tirages) passe au premier plan, tout à l'heure l'obligation de faire disparaissait, car son seul but était de déterminer l'époque du remboursement, la déchéance du terme supprimait toute son utilité, il ne restait pour la société que l'obligation *de donner*; ici l'obligation de faire conserve toute son importance, puisqu'elle détermine non plus seulement l'époque, mais le taux même du rembourse-

(1) En cas de liquidation ou de faillite, ces obligations seront admises au passif pour une somme totale égale au capital qu'on obtiendra, en ramenant à leur valeur actuelle, au taux réel de l'intérêt de l'emprunt, les annuités d'intérêt et d'amortissement, qui restent à échoir. Chaque obligation sera admise pour une somme égale au quotient obtenu en divisant ce capital par le nombre des obligations non encore éteintes.

Toutefois, dans le cas où les obligations comprises dans une même série ne sont pas émises à des conditions identiques, le taux de l'escompte des annuités à échoir est fixé à 5 0/0.

ment; aussi a-t-on pu songer à faire de suite tous les tirages à venir, le sort est toujours le sort, qu'importe de le consulter de suite ou plus tard? — Cette solution ne nous paraît pas conforme à l'esprit de la loi : la faillite arrête tout, elle *fixe* la situation des créanciers telle qu'elle est au moment où elle survient, personne ne peut plus se faire une situation différente, ni à plus forte raison préférable, or c'est ce à quoi aboutirait le tirage des lots (1). A l'époque de la faillite, tous les obligataires avaient espoir et chance de gagner les lots, la situation était égale pour tous, cette égalité doit être maintenue et pour cela les tribunaux devront apprécier la valeur de cet espoir et de cette chance, d'après la valeur et le nombre des lots comparés au nombre des obligations.

Nous reconnaissons qu'il y a là une appréciation des plus délicates, mais nous n'y voyons qu'une raison de plus, en dehors de toutes celles qui ne rentrent pas dans notre sujet, pour condamner les obligations à lots et les lois qui font exception à la loi qui les prohibe.

(1) Nous donnerions la même solution s'il s'agissait de tirages arriérés, que les obligations soient à lots ou simplement à primes, on ne doit plus les faire (en sens contraire : Douai, 24 janvier 1873, S. 1873, 2, 244), mais le défaut pour la société de les avoir faits à temps suffisait pour motiver sa faillite. Il en est autrement si le tirage a été fait, mais si les obligations sorties n'ont pas encore été remboursées, celles-là pourront produire pour les primes ou les lots, la cause de préférence est antérieure à la faillite.

CHAPITRE III

CONTROLE ACCORDÉ AUX OBLIGATAIRES SUR LA SOCIÉTÉ CONCORDATAIRE.

Les obligataires (on peut même dire presque tous les créanciers de la société faillie, car presque tous opteront pour ce parti) deviennent donc participants de l'entreprise ; leurs titres se rapprochent de ceux des actionnaires. Nous avons en effet signalé le caractère des nouvelles obligations dont le rendement, quelquefois même le remboursement, sont subordonnés, en tout ou en partie, à la prospérité de la société.

Il importe toutefois de bien remarquer que les obligataires restent, d'après nous, créanciers, ils ne font pas apport de leurs créances à la société, de manière à être transformés en véritables actionnaires. Si l'on accorde entrée à leurs représentants dans les assemblées et même dans le conseil d'administration, ils n'ont pas néanmoins le droit de vote comme les actionnaires. S'il n'en était pas ainsi, il y aurait de ce chef modification aux statuts pour augmentation du capital social, puisque le capital-obligations en ferait désormais partie et pour adjonction de nouveaux actionnaires : les obligataires.

De cette situation nouvelle des obligataires résultent pour eux de nouveaux droits : tant que la somme qui leur était due était connue et fixée d'avance immuablement, leur ingérence dans la société n'était pas motivée (1), mais leur situation est changée, ils sont devenus des participants, sinon des actionnaires, leur rémunération dépend, en partie du moins, des bénéfices, on s'est rapproché de la réalité économique d'après laquelle l'obligataire diffère peu de l'actionnaire ; si l'on s'en était écarté, c'était pour donner à l'obligataire plus de sécurité, la faillite a prouvé que ce but avait été manqué, rien ne justifie donc plus l'abandon du point de vue économique.

De la participation aux bénéfices pour les obligataires découle naturellement un droit de contrôle sur les affaires sociales, une ingérence plus ou moins active, mais nécessaire pour assurer l'accomplissement exact des promesses faites au concordat (2).

C'est là un moyen pratique de compenser la liberté laissée aux sociétés pour l'émission de leurs obligations, tandis que, dans beaucoup de pays, nous le verrons plus loin, la loi impose un certain rapport

(1) Voir plus loin, p. 114.

(2) Nous ne donnerions pas les mêmes droits de contrôle à des ouvriers admis à participer aux bénéfices par leur patron : d'abord parce que cette participation ne constitue pour eux qu'un *supplément* de salaire à titre de gratification, ensuite parce que ces ouvriers n'ont pas éprouvé de pertes, le patron n'ayant généralement pas fait faillite. Enfin les sociétés sont soumises à une publicité qu'on ne saurait imposer aux particuliers.

entre le capital-actions et le capital-obligations ; cette liberté se justifie jusqu'à un certain point : on veut laisser aux actionnaires, qui ont eu l'idée de l'affaire et les difficultés de la première heure, des dividendes intacts ; si l'on augmentait le capital social en créant de nouvelles actions, ces actionnaires nouveau-venus, plus timides, partageraient cependant les profits avec les initiateurs de l'affaire. L'émission d'obligations permet de se procurer de fortes sommes en échappant à cet inconvénient ; mais cette combinaison ne se justifie plus du tout s'il y a eu fraude, faute ou même seulement imprudence de la part des actionnaires, soit au moment de l'emprunt, soit dans la gestion des fonds prêtés. C'est ce qui aura presque toujours eu lieu en cas de faillite. Le capital-actions est souvent insignifiant en face du capital-obligations ; si la société est remise à la tête de ses affaires par un concordat, il est naturel que la situation des obligataires se rapproche de celle des actionnaires. Ils y ont un double titre : ce sont eux qui ont fourni le plus clair du capital avec lequel l'entreprise a été montée, et l'on ne saurait prétendre désormais qu'ils n'ont couru aucun risque ; ce sont eux qui, pour ainsi dire, la fondent à nouveau en votant le concordat, c'est-à-dire en faisant un acte de confiance dans son avenir ; les actionnaires ne méritent-ils pas une sorte de défiance pour avoir amené, ou n'avoir pas su empêcher la faillite ?

Ce droit de contrôle, nous connaissons déjà l'organe tout prêt à l'exercer, c'est le conseil d'administration de la société des obligataires fortifié dans ses attributions par la renonciation faite dans le concordat par la société emprunteuse de se prévaloir de la règle : *nul ne plaide en France par procureur*, c'est ce que nous avons indiqué dans le chapitre Ier de la deuxième partie.

Les droits de contrôle et d'immixtion, ainsi que leur exercice sont réglés par le concordat, ils varient suivant les cas, suivant la nature des opérations de la société emprunteuse. Outre le droit qui appartient à tout créancier, mais qui sera exercé plus facilement et plus efficacement par le syndicat de veiller à l'exécution fidèle du concordat, le syndicat stipulera en général pour ses délégués le droit d'assister aux délibérations du conseil d'administration de la société emprunteuse, à l'assemblée des actionnaires, le droit de prendre communication des pièces, en particulier avant l'assemblée générale des actionnaires, à peu près comme le peuvent faire les commissaires nommés par les actionnaires (1) ; mais le droit le plus important pour les obligataires sera celui de s'opposer aux actes de la société concordataire qui leur seraient préjudiciables, c'est un droit de *veto* plus ou moins énergique suivant les concordats. Par là le

(1) Concordat de Santa-Fé, art. 8 ; des chemins argentins, art. 9 ; du Crédit foncier colonial, art. 11.

conseil d'administration de la société est tenu dans une sorte de curatelle. Pour tous actes graves, tels que : nouvelle entreprise, modification aux actes de concession, dépenses de premier établissement en vue d'accroître l'exploitation, vente d'immeubles, et en particulier et surtout pour tout emprunt nouveau, il faudra l'assentiment du conseil d'administration des obligataires (1).

La faillite et le concordat ont modifié en effet la situation de l'obligataire : la partie fixe de sa créance, s'il y en a une, est singulièrement réduite, elle est comparable, en un certain sens au moins, à l'intérêt qu'une pratique indulgente tolère aux actionnaires en absence de bénéfices ; pour tout le reste, il est dans la situation de l'actionnaire, c'est-à-dire qu'il n'est pas créancier d'une somme fixe, connue d'avance, mais que son sort est lié à celui de l'entreprise et ne sera complètement réglé qu'à la dissolution de la société. Il lui importe donc de ne pas se trouver primé à cette époque par des créanciers nouveaux à moins d'une nécessité absolue, c'est aux obligataires anciens à apprécier les circonstances. En autorisant l'émission de nouvelles obligations, ils leur reconnaissent par cela même un droit de priorité sur eux.

(1) Et le conseil devra même en référer à l'assemblée générale des obligataires pour les actes particulièrement importants, (art. 11 des statuts du Syndicat des obligataires des chemins argentins).

Cela rend à la société concordataire un crédit dont elle peut avoir grand besoin et équivaut, au profit des nouveaux obligataires, à une sorte d'hypothèque à l'égard des anciens tout au moins (1).

Si donc, avec l'assentiment des représentants des obligataires antérieurs à la faillite, de nouvelles émissions d'obligations sont faites, ces nouveaux obligataires n'auront aucun droit d'immixtion dans l'administration de la société emprunteuse, et cela est très naturel ; la rémunération du service qu'ils rendent (intérêts et remboursement) est fixe et connue d'avance, ils sont purement obligataires et nullement actionnaires.

Les obligataires ont songé quelquefois à obtenir l'abandon de tout l'actif social, à reprendre, disaient-ils, l'administration de leur gage, en écartant les actionnaires, nous discuterons plus loin (2) cette solution au point de vue législatif ; contentons-nous de signaler qu'elle est impossible avec la loi actuelle : jamais le créancier ne peut se substituer à son débiteur, le débiteur, il est vrai, c'est ici l'être moral Société, mais les actionnaires et les administrateurs sont ses organes, ses membres, sa voix, on ne peut les lui changer, en substituant les obligataires aux actionnaires, sans le changer lui-même. Du reste l'article 541 du

(1) Une combinaison analogue a été employée par la Compagnie des chemins de fer du nord de l'Espagne en 1870 (voir thèse de M. S. Moulin, *Etude sur l'hypothèque des chemins de fer*, p. 70).

(2) Voir p. 129.

Code de commerce prescrit la liquidation de l'actif abandonné conformément aux règles de l'union, on retomberait donc dans les inconvénients auxquels les obligataires voulaient se soustraire en *continuant* l'exploitation de l'entreprise.

Il est vrai que l'article 541 renvoie à l'article 532 qui permet à la majorité des 3/4 des créanciers en nombre et en somme de donner mandat aux syndics de continuer l'exploitation de l'actif. Mais il ressort clairement de la place de cet article — dans la section de l'union — et de ses termes même — « les créanciers détermineront la durée de ce mandat » — que cet état ne doit être que passager et transitoire, permettant seulement d'attendre un moment plus favorable pour la liquidation.

En supposant même que les créanciers puissent fixer une longue durée, est-il possible de laisser des syndics administrer une société sans conseil d'administration ? Si cet état devait se prolonger les syndics deviendraient de véritables directeurs de société.

Enfin l'article 533 limite à leur part dans l'actif social l'obligation des créanciers d'être tenus des engagements contractés par le syndic, *sauf* pour ceux qui auront autorisé la continuation de l'entreprise. Il suffit de lire cet article pour se convaincre que le législateur n'a eu en vue que de petites exploitations et pour un temps très court, les engagements à prendre peuvent alors être supputés d'avance et n'exposent pas les créanciers à perdre plus qu'ils n'espèrent gagner ; pourrait-il en être ainsi d'une grande exploitation sociale prolongée pendant des années, alors que des emprunts considérables seront probablement nécessaires ?

Quant à la Société, elle ne pourrait pas davantage continuer l'exploitation après l'abandon total de son actif, et un abandon partiel, fractionnant l'entreprise, ne se comprendrait guère. Un commerçant, qui n'a besoin que d'un faible capital, qu'il saura peut-être se procurer par ses relations, peut encore continuer son commerce, même après un abandon total, en effet il ne reste pas exposé aux poursuites de ses créanciers comme au cas d'union, mais une Société est obligée de faire appel au public, comment le pourrait-elle et quel serait son crédit, après avoir abandonné son actif.

La continuation de l'entreprise par les créanciers, ne pouvant donc pas résulter du concordat, ne serait possible qu'à condition d'être votée par eux à l'*unanimité*, il faudrait fonder une nouvelle société dont les obligataires seraient les actionnaires, apportant comme mise leur part dans l'actif abandonné. En admettant même cette unanimité obtenue (en désintéressant, par exemple, les créanciers récalcitrants), les obligataires seraient le plus souvent bien embarrassés d'administrer et de faire prospérer l'actif social ; l'entreprise réclame des connaissances techniques, souvent elle s'exerce très loin du lieu où résident les obligataires, sous des climats et dans des conditions qu'ils ignorent. Faut-il ajouter que les frais de mutation sur un actif toujours important seraient considérables ; que dans certains cas enfin où l'approbation du gouvernement est nécessaire, celui-ci pourrait la refuser ou exercer son droit de rachat? Dans de telles circonstances, le groupe d'hommes qui ont conduit jusqu'ici l'affaire (c'est-à-dire les actionnaires) même d'une façon fâcheuse sont encore les plus capables de la relever, étant donné toutefois qu'on les surveille et qu'on profite de leur expérience sans s'abandonner aveuglément à eux et en se réservant de réprimer leurs abus, leurs fautes ou leurs fraudes.

Qui a qualité pour conclure le concordat au nom de la Société?

Les concordats, tels que nous les avons décrits, avec ces combinaisons diverses de participation aux bénéfices pour les obligataires, ces droits de contrôle et même d'immixtion dans la gestion de la société, ne constituent-ils pas des modifications aux statuts de la société?

Pour ce qui est du droit de participer aux bénéfices, nous pensons qu'il ne modifie en rien les statuts. En effet, comme nous l'avons fait remarquer, cette participation n'a lieu que jusqu'à concurrence d'un chiffre qui n'excède jamais celui de la créance primitive, qui lui est quelquefois inférieur. Cette combinaison ne transforme pas les obligataires en actionnaires, nous avons cherché à le démontrer aussi. Elle ne porte pas atteinte aux droits des actionnaires, puisque régulièrement ils ne doivent *rien* toucher tant que les créanciers ne sont pas entièrement désintéressés ; elle leur profite au contraire dans les cas où le concordat leur accorde un minime tant 0/0 sur les disponibilités pour les intéresser à la bonne gestion de la société (1), de toute façon elle ne constitue jamais une modification aux statuts.

On pourrait en dire autant des droits de contrôle accordés aux obligataires s'ils se bornaient à la faculté de prendre connaissance des pièces, mais il en est autrement du droit pour le conseil d'administration du syndicat des obligataires, ou son délégué « d'assister aux délibérations du conseil d'administration et de l'assemblée générale des actionnaires avec voix consultative et pouvoir de faire consigner ses observations au procès-verbal », et surtout du droit de s'opposer à certains actes de gestion particulièrement graves que nous avons énumérés plus haut. De ce chef il peut y avoir modification aux statuts, nous

(1) Le concordat du Crédit foncier colonial accorde 15 0/0 des disponibilités aux actionnaires (art. 9) ; le concordat des chemins argentins : 5 0/0 (art. 6).

disons « *il peut* », car cela encore dépend de la rédaction plus ou moins large des statuts ; les concordats que nous avons sous les yeux paraissent protester contre cette manière de voir (1). Nous pensons néanmoins que la question mérite d'être examinée et qu'on peut très bien soutenir que les statuts sont modifiés.

Faudra-t-il dès lors exiger l'assemblée extraordinaire dans les formes requises par les statuts et les conditions de l'article 31 de la loi de 1867, c'est-à-dire un nombre d'actionnaires représentant la moitié au moins du capital social ? — En droit strict, on pourrait le soutenir, mais on peut dire aussi qu'il y a une différence entre une modification aux statuts apportée librement par les associés eux-mêmes et une modification *imposée* par d'autres que les associés ; on comprend que la loi et les statuts aient pris des précautions dans le premier cas, pour prévenir une modification faite à la légère ou imposée à des co-associés par quelques-uns de leurs co-associés qui y trouveraient ou croiraient y trouver avantage. Chaque associé a le droit de dire : « Je ne suis entré dans la société qu'en considération de tel article des statuts, si vous le modifiez, sans observer les règles prescrites par la loi (art. 31), vous manquez à votre engagement envers moi ». Au cas de faillite il en est autrement : les associés sont bien liés les uns envers les autres pour ne

(1) Concordats de Santa-Fé, art. 9, des chemins argentins, art. 10, du Crédit foncier colonial, art. 12.

pas modifier les statuts, mais, si les statuts sont modifiés, on peut dire que ce n'est pas de leur part une volonté arbitraire, mais une nécessité qu'ils subissent souvent, généralement même, bien *malgré eux.* Le concordat est un traité : le débiteur propose, mais le créancier peut exercer sur lui une pression très légitime. Cette modification enfin maintient les statuts plus qu'elle ne les change, puisque c'est grâce à elle qu'ils subsistent, sans elle le concordat était refusé et l'union, en mettant fin à la société, mettait fin aussi aux statuts, en en sacrifiant une partie, on sauve donc l'autre.

Pour les sociétés anonymes constituées avant la loi de 1867, c'est-à-dire sous le régime de l'autorisation gouvernementale, une question analogue se pose: faut-il de nouveau obtenir l'autorisation du gouvernement?

Pour les cas où le concordat ne modifie pas les statuts, la question ne peut pas faire doute. « Le concordat n'a pas pour effet de permettre au failli de commencer un commerce nouveau, distinct de celui qu'il exerçait avant le jugement déclaratif, mais bien de continuer à exploiter l'établissement commercial à la tête duquel il était placé avant la faillite...... On ne peut donc pas argumenter des effets du concordat pour dire que, s'il s'agit de sociétés anonymes constituées avec l'autorisation du gouvernement, une autorisation spéciale pour la conclusion du concordat est nécessaire (1) ».

Mais pour les concordats dont nous nous occupons, où les statuts peuvent se trouver modifiés, la question est très douteuse. Nous serions tentés de raisonner comme précédemment et de dire que les modifications sont en quelque sorte forcées, l'homologation du concordat par le tribunal, bien qu'elle soit établie surtout dans l'intérêt des créanciers de la faillite, est comme une certaine approbation des modifications aux statuts, mais peut-on prétendre que le tribunal de commerce remplace le Conseil d'Etat! Il serait donc prudent de soumettre les statuts modifiés au Conseil d'État.

Tant que l'approbation des actionnaires ou du gouvernement n'est pas obtenue, on pourrait très bien soutenir qu'il y a nullité pour la clause du concordat modificative des statuts et par suite pour tout le concordat dont toutes les clauses sont solidaires. Cette nullité peut être couverte par la ratification de l'assemblée générale, dans les conditions voulues, ratification qui peut avoir lieu à toute époque. En dehors de toute contestation, les créanciers, les obligataires en particulier par l'intermédiaire de leurs représentants, peuvent requérir cette ratification ; si elle était refusée, le concordat devrait être résolu pour inexécution des conventions, les administrateurs, en le

(1) Paris, 12 juillet 1869, S. 1871, 2, 233. Note de M. Lyon-Caen.

proposant, s'étaient pour ainsi dire portés forts de cette ratification. Il faut raisonner de même au sujet de l'autorisation à obtenir du gouvernement.

Tout ce qui précède suppose résolue une autre question qui n'est pas spéciale au cas où la présence d'obligataires a amené à faire des modifications aux statuts, c'est celle de savoir si le fait de conclure un concordat n'est pas un acte qui excède les pouvoirs confiés au conseil d'administration. Si l'on répond oui, on ne peut songer à faire discuter et proposer le concordat par l'assemblée générale des actionnaires, le seul moyen serait de convoquer celle-ci pour qu'elle habilite les administrateurs, en leur conférant des pouvoirs plus étendus, à conclure un concordat.

C'est ce qui devrait avoir lieu, si l'on adopte l'opinion d'après laquelle la faillite de la société révoque le mandat des administrateurs (1). On tire l'argument de l'article 2003 du Code civil : « le mandat finit par la déconfiture du mandant », or ici le mandant c'est l'être moral Société qui est en faillite, s'il n'a pas nommé *lui-même* ses mandataires, c'est qu'il était dans l'impossibilité de le faire, il a emprunté la voie des actionnaires ; c'est ainsi que le tuteur est manda-

(1) Renouard, *Traité des faillites* (3e édit.), t. 1, p. 261. — Lyon-Caen et Renault, *Précis de droit commercial*, n° 3114 où il est dit que le tribunal devra nommer des liquidateurs pour jouer le rôle du failli et 3126 où il est dit que les actionnaires devront désigner spécialement la personne qui pourra conclure un concordat au nom de la Société.

taire du mineur, bien que nommé par le conseil de famille. La jurisprudence et la pratique sont en sens contraire, « le mandat ne doit pas être considéré comme ayant pris fin suivant l'article 2003 du Code civil » (1). La différence avec le cas du mineur est grande : le tuteur est nommé exclusivement dans l'intérêt du mineur, pour les affaires du mineur et non pour celles du conseil de famille, il est donc naturel qu'il ne soit pas mandataire de ce dernier, bien que nommé par lui ; les administrateurs au contraire sont nommés par les actionnaires dans l'intérêt de l'être moral, mais cet intérêt *se confond* avec le leur, il n'y a pas là deux intérêts distincts, les administrateurs sont mandataires des actionnaires pour tout ce qui touche leurs intérêts sociaux, la fiction de la personnalité doit être écartée ici. On pourrait répondre que c'est grâce à cette fiction de la personnalité que les administrateurs se trouvent mandataires même de ceux qui ont voté contre eux, parce que la voix de la personne morale, son organe vivant, c'est la *majorité* de l'assemblée des actionnaires constituée suivant les statuts (2) ; en

(1) Paris 12 juillet 1869, S. 1871, 2, 233 ou D. 1870, 2, 7.

(2) Le fait pour la majorité d'enchaîner la minorité ne s'explique, d'après nous, que par la notion de personnalité (personnalité qui existe à l'égard des parties et peut très bien n'être pas reconnue par la loi à l'égard des tiers). S'il en est autrement dans l'indivision, c'est que la loi regarde cet état comme transitoire (815, C. civ.). Dans un concordat la majorité ne s'impose à

elle *se réalise* la personnalité de la société (1).

Aussi préférons-nous raisonner autrement et dire simplement que les motifs de l'article 2003 du Code civil ne se retrouvent pas ici, ces motifs nous paraissent être qu'au cas de déconfiture le mandataire est exposé à ne pas pouvoir se récupérer de ses avances s'il continue la gestion, son action *mandati contraria* sera inefficace. Au cas de faillite d'une société anonyme, il en est autrement; la faillite n'est pas ici, un fait totalement indépendant du mandataire, il l'a vue se préparer, il la voit arriver, peut-être même en est-il cause dans une certaine mesure; s'il trouvait les affaires de la société trop mauvaises, il n'avait qu'à refuser le mandat, s'il l'a accepté, il ne peut s'en prendre qu'à lui, l'être moral n'a rien fait en dehors de lui qu'il lui puisse reprocher. De plus les tiers qui traiteraient avec les administrateurs pour le compte de la société ne pourraient pas ignorer que la société est en faillite, tandis que les tiers qui traitent avec un mandataire peuvent ignorer la faillite du mandant et sont exposés à des surprises. Enfin l'article 2003 du Code civil suppose que celui qui a donné mandat à quelqu'un de le représenter quand il était *in bonis*, ne lui a pas donné mandat de le faire au cas où il serait en faillite; il est douteux qu'un failli puisse

la minorité que dans des conditions déterminées et sous la surveillance de la justice.

(1) Et non pas dans les administrateurs, cf. Boistel, *Précis de droit commercial*, nos 187 *bis* et 1040.

même se faire remplacer par un mandataire dans le rôle que la loi lui assigne. Au cas d'une société anonyme il faut bien que le mandataire prenne la place de son mandant, la faillite ne donne pas la parole à l'être moral, on peut donc dire que l'assemblée des actionnaires a nommé à l'être moral des mandataires qui le représenteront en tout état, *in bonis* ou en faillite.

Les motifs de l'article 2003 du Code civil ne se retrouvant pas ici, nous concluons qu'il n'y a pas lieu d'appliquer cet article à une matière pour laquelle il n'a pas été fait.

Les administrateurs en exercice lors de la faillite continueront donc de représenter la Société, ils joueront le rôle du failli, c'est-à-dire proposeront le concordat, la jurisprudence le décide ainsi : « les représentants légaux de la société anonyme ont titre pour la représenter et prendre en son nom des engagements dans un concordat..... La société anonyme, *continuant* de subsister malgré la faillite, *continue* aussi d'avoir pour représentants ses administrateurs en exercice (1) ».

Le règlement du passif, rentrant dans les attributions des administrateurs, ils ont qualité, d'après nous, pour conclure le concordat, mais à raison de l'importance de cet acte, des conséquences que peuvent en-

(1) Paris, 12 juillet 1869, S. 1871, 2, 233 ou D. 1870, 2, 7.

traîner soit son rejet par les créanciers, soit sa résolution pour inexécution, les administrateurs agiront sagement en le soumettant au préalable à l'assemblée des actionnaires ou en se concertant avec elle (1) ; mais, au cas où ils ne l'auraient pas fait, nous pensons que le concordat n'en resterait pas moins valable, sauf aux actionnaires à s'en prendre aux administrateurs (art. 44 de la loi de 1867). Nous avons vu qu'au cas où le concordat modifie les statuts, il en serait autrement.

(1) Les administrateurs de la Compagnie des chemins de fer argentins se sont faits autoriser par l'assemblée générale extraordinaire des actionnaires à déposer le bilan de la société.

TROISIÈME PARTIE

DES MOYENS PROPOSÉS PAR LES AUTEURS OU EMPLOYÉS PAR LES LÉGISLATIONS ÉTRANGÈRES POUR AMÉLIORER LA SITUATION DES OBLIGATAIRES.

CHAPITRE PREMIER

THÉORIE D'UNE SOCIÉTÉ EXISTANT ENTRE LES OBLIGATAIRES.

Tels sont les procédés dont une pratique récente nous donne l'exemple pour remédier à la situation des obligataires, nous avons relevé les difficultés que rencontre l'application de ces remèdes, nous avons constaté que ce n'est que par une voie étroite et tortueuse, par des détours compliqués ou hasardeux qu'on arrive au but en adaptant la loi à une situation qu'elle n'a pas prévue et ne pouvait pas prévoir.

La doctrine, elle aussi, s'est attachée à ce sujet si important : elle a tenté de construire un système d'ensemble, capable de remédier à tout et elle en a cherché les bases dans l'idée que les obligations ne sont pas des titres d'emprunt isolés, mais que chaque émission forme comme un tout : « Tous les inconvénients seraient supprimés, si l'on voulait bien renoncer à considérer, contre toute raison, les obligataires comme des créanciers ordinaires, indépendants les uns des autres. Il faudrait que l'on pût établir entre eux un lien analogue à celui qui existe entre les actionnaires d'une même société (1). » Mais cela est-il possible dans l'état actuel de notre législation ?

D'après une théorie récente (2), non seulement cela est possible, mais cela est ; les obligations ne sont que des actions d'une société civile qui existe à l'état de société de fait, sinon de droit, à côté de la société emprunteuse, les obligataires sont les actionnaires de cette société civile anonyme, dont le seul but est de faire un prêt à la société emprunteuse, de recueillir les annuités qui en seront la rémunération et de les répartir entre ses membres ; ainsi, de même « qu'il n'y a qu'un emprunteur, il n'y a qu'un prêteur, et sous ce prêteur un nombre indéterminé de porteurs de parts négociables ».

On voit de suite toutes les conséquences qui découlent d'une pareille donnée : les obligations sont régies

(1) Beauregard, *Economiste français*, 14 déc. 1889.

(2) *Construction du droit des obligataires sur la notion d'une société qui existerait entre eux* par M. Thaller (*Annales de droit commercial*, avril 1894).

par les mêmes règles que les actions, au point de vue des questions particulières qui nous occupent : plus de difficultés pour assurer le bénéfice d'une hypothèque aux obligataires, cette hypothèque sera accordée à la société prêteuse qui jouit de la personnalité (1), c'est elle qu'on inscrira comme étant le vrai créancier (2) ; plus de difficultés pour admettre l'existence des syndicats d'obligataires comme des sociétés, comprenant tous les porteurs d'obligations d'une même émission, même ceux qui n'y ont pas adhéré expressément.

Les conséquences de cette doctrine vont plus loin encore, elles vont même trop loin, jusqu'à des résultats que la pratique se refuserait certainement à admettre : 1° aucune production n'est possible à raison des primes, ce sont les obligataires qui se sont promis de faire des tirages entre eux, si, en fait, ces tirages ont été effectués par la société emprunteuse, c'est que le personnel d'administration des deux sociétés était confondu, il n'y a pas lieu de la part de la société faillie à des dommages-intérêts pour inexécution d'une obligation de faire qui ne lui incombait pas et qu'elle n'assumait, pour ainsi dire, que par complaisance. — 2° C'est le représentant de la société des obligataires qui concourra à la formation du con-

(1) Loi de 1893 qui commercialise les sociétés civiles.

(2) « Tout emprunt, dit la loi suisse, lors même qu'il se divise en obligations, constitue une créance unique ».

cordat de la société emprunteuse, c'est lui qui votera pour tous les obligataires qui n'auront ainsi qu'une voix.

Si ces conséquences sont logiques, mais excessives, c'est que la théorie nous paraît un peu audacieuse, rien de plus vrai que ce lien qui existe entre obligataires, jamais on n'avait dégagé aussi ingénieusement et mis en relief avec autant de force cette notion, mais, comme nous le disions au début de cette étude : tout lien existant entre des personnes n'est pas un « lien de droit », or, dans l'état actuel de notre législation, si jalouse du droit d'association, il nous est impossible de retrouver ici les conditions qu'elle exige pour qu'il y ait société. Nous ne nous attarderons pas à énumérer toutes les conditions requises à peine de nullité par les lois sur les sociétés pour la validité de leur formation, et qui font défaut ici ; on nous répond que ces nullités sont « bénignes » et n'empêchent pas le passé de se liquider suivant ce qui a été en fait, or cela suffit ici ; restent les amendes encourues, nous n'insisterons pas sur ces points. Nous préférons analyser les divers éléments du contrat et voir si la notion philosophique de société s'y retrouve, peu importe même que d'après les textes actuels de nos lois cette société soit valable ou non, possible ou non, ce que nous recherchons, c'est si, législativement, cette conception peut être acceptée : nous accordons volontiers qu'il y a un bénéfice espéré ; le paiement des intérêts et de l'amortissement, la fixité de ce bénéfice constitue un maximum de rapport, car il y a des risques courus, on peut donc comparer l'intérêt à un dividende, l'amortissement des obligations à celui d'actions, mais où trouve-t-on le fonds commun, la collaboration nécessaires pour qu'il y ait société ? Sans doute chacun souscrit une obligation comme il ferait une action et en apporte le montant, mais ces sommes ne sont pas mises en commun entre les souscripteurs, elles sont *de suite* versées à la société emprunteuse, et au lendemain de la souscription la quasi-société prêteuse n'a pas un sou et ce qui est plus grave a perdu tout empire sur son capital confié à la société emprunteuse. On nous dit que les administrateurs de cette dernière société seront ceux de la société prêteuse, qu'ils joueront un double rôle : — nous répondons d'abord que ces administrateurs ne sont pas actionnaires de la société prêteuse (c'est-à-dire obligataires), qu'ils ne sont pas révocables par ceux-ci, qu'en outre leur intérêt est sinon opposé, du moins distinct de celui des obligataires qu'ils représentent. Sans doute ils ont intérêt à bien employer le capital qu'on leur a confié, afin d'éviter la faillite, mais ils peuvent avoir des hardiesses que les obligataires, leurs soi-disant mandants, désapprouveraient fort ; il leur appartiendrait en particulier de décider s'il est de l'intérêt des obligataires de faire déclarer en faillite la société emprunteuse, c'est-à-dire celle même qu'ils représentent à un autre titre, ils se garderaient bien de le faire. En admettant, par impossible, qu'ils consultent sur ce point, dans l'assemblée, leurs soi-disant mandants, les obligataires, la majorité imposerait sa loi à la minorité ; un obligataire isolé n'aurait pas le droit de demander la faillite de la société emprunteuse, il devrait se soumettre à la volonté de ses co-associés (les obligataires), si ceux-ci jugeaient, avec raison peut-être, qu'il est de leur intérêt de laisser suspendre à la société emprunteuse le service des coupons ou de l'amortissement momentanément afin de faire face à des embarras passagers. En un mot, le soi-disant conseil d'administration de la société des obligataires est tout-à-fait indépendant, ou plutôt il n'existe pas (1). On nous répond : l'opération est si simple que la société des obligataires peut se passer d'administrateurs, si, cependant la société emprunteuse promet aux obligataires certaines garanties : une hypothèque, un emploi déterminé de l'argent prêté, sera-ce le conseil d'administration de la société emprunteuse qui agira pour le compte de la société prêteuse ? Il serait étrange de voir les mêmes hommes jouer le rôle de *surveillés* et de *surveillants*, on dit qu'alors la société prêteuse devra se pourvoir « d'un organisme de gestion sépa-

(1) Il a été jugé que les administrateurs de la société emprunteuse ne sont pas mandataires des obligataires (*Journal des Sociétés*, 1887, p. 124).

ré », mais qui nommera ces surveillants, il n'y a pas d'assemblée des obligataires, en fait quelques obligataires plus entreprenants agiront, ils seront mandataires du petit groupe qui les soutiendra et par rapport à la grande majorité des indifférents, ils seront de simples gérants d'affaires, ils ne constitueront pas un conseil d'administration au vrai sens du mot, qu'administreraient-ils ? — Tout le capital social est devenu la propriété de l'emprunteur et ils ne comptent pas se procurer un nouveau capital. On ne retrouve donc pas cet élément de toute société : la collaboration active ; le fonds commun, si fonds commun il y a, est de suite livré à d'autres et ceux qui l'ont fourni n'ont plus qu'à attendre en se croisant les bras ; leur seul droit est de faire déclarer la faillite de leur emprunteur, encore, nous l'avons vu, n'exerceront-ils pas ce droit conformément à ce qu'exigeraient les principes d'une société entre eux, nous en concluons donc que cette société n'existe pas, car on reculera toujours devant les conséquences rigoureuses qu'elle entraînerait.

Ce qui nous frappe en effet, c'est qu'en cherchant à améliorer la situation des obligataires, cette théorie l'aggrave, au moins pour le cas de faillite : aucune production supplémentaire n'est possible pour les obligations à raison de la prime (nous avons vu que la jurisprudence était moins sévère) ; — les obligataires n'ont plus, *individuellement*, le droit de voter au concordat, c'est à leur représentant à le faire « en ne comptant dans la majorité numérique que pour une voix ».

Il est préférable, croyons-nous, de laisser à chaque obligataire sa qualité de créancier, c'est encore elle qui le protège le mieux ; mais, si la faillite survient, un lien est possible entre les obligataires et aussi un lien plus étroit entre eux et la société débitrice (droits de contrôle...). Ces liens préexistaient, soit, mais le moment est venu d'en tirer parti. Rien n'est plus naturel ni plus juste ; *naturel*, parce que le capital-obligations fourni par les obligataires est devenu, pour ainsi dire, un capital-actions, il a fait plus que courir des risques, la partie remise dans le concordat en est perdue ; *juste*, parce que la situation qui est faite à l'obligataire, si on le traite comme un créancier ordinaire, ne sera peut-être pas en rapport avec celle que la société emprunteuse se fera en retrouvant et en tirant parti de ce capital même qu'elle avait momentanément perdu. Enfin, rien ne rapproche les hommes comme un péril commun, les obligataires parfaitement indifférents les uns aux autres tant que la société est *in bonis*, se rapprochent quand elle périclite, la faillite est le signal du rassemblement, les diverses assemblées qui se tiennent alors facilitent le groupement, une société peut naître dans ces conditions. Nous avons cherché à montrer que ces sociétés, pratiquées sous le nom de syndicats, étaient de véritables sociétés, les éléments constitutifs de toute société s'y retrouvent, mais nous ne pouvons reconnaître ni au point de vue légal, ni au point de vue philosophique, les éléments d'une société dans la condition des obligataires tant que la faillite ne les a pas rapprochés en les frappant et ne les a pas plus étroitement liés à leur débiteur qui est devenu leur spoliateur.

Pourquoi cette société ne se forme pas alors entre tous les créanciers de la société faillie, nous l'avons dit aussi, en montrant que l'obligataire se distingue surtout d'un autre créancier parce qu'il peut attendre longtemps son remboursement et profiter ainsi du relèvement possible de l'entreprise; nous avons vu de plus que la pratique tendait à faire rentrer tous les créanciers dans la classe des obligataires sans pouvoir les y forcer, afin qu'ils puissent profiter eux aussi, si cela ne troublait pas trop leurs affaires, des mêmes avantages que les obligataires en courant les mêmes chances qu'eux.

En dehors de toute faillite, nous pensons que l'obligataire n'est qu'un créancier, c'est ce caractère qui domine en lui et lui assure une sécurité relative par rapport à l'actionnaire. C'est ce caractère qu'affirme avec une énergie singulière le nom même de son titre de créance, *obligation*, la Société ne dit pas avoir reçu tant, elle *s'oblige* à donner tant, quelle que soit la somme qu'on lui ait fourni; elle ne dit pas qu'elle doit tant, elle dit : *le porteur a droit* à tant; c'est cette fermeté de l'engagement qui a fait la rapide fortune des obligations, il y a là une raison pour n'en pas altérer le caractère. Si l'obligataire est avant tout un créancier, cela ne l'empêche pas d'avoir des caractères accessoires et particuliers que nous avons relevés, dont il n'y a pas à tenir compte en temps normal, mais qui, lorsque la faillite éclate, doivent le faire traiter d'une façon particulière, la loi qui l'assimile de tous points et en tous cas à un *simple* créancier méconnaît donc ces différences.

CHAPITRE II

PROJET DE LOI DE 1884.

Après avoir constaté ce que ne fait pas la loi, après avoir rapporté ce que tente la pratique et exposé ce que propose la doctrine, il nous reste à dire quelques mots des projets de loi étudiés en France et des lois votées à l'étranger sur cette matière.

Si nous voulions nous tenir strictement aux termes de notre sujet : *la situation des obligataires au cas de faillite*, nous n'aurions presque rien à dire, les législateurs en effet ont été plus préoccupés de prévenir la faillite que d'en régler la marche ; pour apprécier leur conduite, il nous faut indiquer les moyens qu'ils ont proposés ou adoptés ; on voit maintenant par où ils se rattacheront à notre travail (1).

Le projet de loi de 1884 sur les sociétés par actions, dont la loi du 1er août 1893 n'est qu'un fragment,

(1) Parmi les nombreuses publications auxquelles le projet de 1884 a donné lieu, ne signalons que celles qui nous paraissent les plus saillantes : Discussion à la *Société catholique d'économie politique et sociale* (16 mai 1893) rapportée dans la circulaire 18. — Jacquand, *Examen critique du projet de loi sur les sociétés par actions.* — De Courcy, *Revue critique*, 1886, p. 588. — Thaller, *Journal des sociétés*, 1886, p. 325.

contenait un titre relatif aux obligations, mais à notre avis il en disait trop et trop peu : trop, parce qu'il réglementait la matière des obligations jusqu'au point d'entraver la liberté nécessaire aux sociétés commerciales ; trop peu, parce qu'il ne parlait pas du cas de faillite, c'est-à-dire de celui où l'intervention du législateur est la plus utile et la plus légitime, et où les entraves à la liberté du débiteur sont le mieux justifiées.

Le projet (art. 80, 83) (1) permettait d'organiser des assemblées d'obligataires sur le modèle des assemblées d'actionnaires, convoquées par le conseil d'administration de la société emprunteuse, si bien qu'on y peut voir comme un avant-coureur de la théorie que nous venons d'exposer, d'après laquelle les obligataires ne seraient que des actionnaires d'une société de prêt. Toutefois le rapporteur de la commission extra-parlementaire protestait (2) par avance contre cette manière de voir : ces droits nouveaux, disait-il, sont conférés aux obligataires « sans qu'ils forment pour cela une société distincte de la société débitrice. C'est une situation analogue à celle de la masse des créanciers d'une faillite, représentée par un syndic. Ils s'assemblent, le syndic exerce leurs droits, et pourtant ils ne sont pas en société. Notre législation et une tradition séculaire répugnent à l'i-

(1) Ces numéros renvoient au texte adopté par le Sénat.

(2) Rapport de M. Arnault, sous l'article 79.

dée d'une société qui n'a pas une activité propre, qui n'exploite pas un capital, qui est simplement passive et défensive ». Ces assemblées nommaient des commissaires qui, sans pouvoir s'immiscer dans la gestion, pouvaient assister à toutes les assemblées d'actionnaires et prendre communication de toutes les pièces. Ce qui était plus exorbitant, c'est que l'assemblée des obligataires pouvait être convoquée autant de fois qu'il y avait d'assemblées d'actionnaires et même plus souvent, on exposait ainsi la société emprunteuse à voir ses secrets divulgués, à être mise en suspicion sans cause légitime peut-être, c'était une institution parasite qu'on établissait auprès d'elle, et cela, sans profit aucun pour les obligataires qui n'avaient que « le droit de crier », ne pouvant participer par leurs représentants ni aux discussions, ni aux votes (art. 81). A quoi leur eût servi d'être renseignés, s'ils ne pouvaient s'opposer à rien et si tout devait se résumer pour eux dans le droit de gémir « et de diffamer leur débiteur? » Il en va autrement des assemblées d'obligataires après une faillite, nous avons vu que les obligataires acquéraient des droits de contrôle sérieux, qu'ils avaient intérêt à la prospérité de leur débiteur d'une façon plus directe, puisque la rémunération de leur prêt devait se régler, en partie au moins, sur les bénéfices, qu'enfin leur vigilance était excitée, pour quelque temps, par le souvenir récent de la faillite.

Il convient de remarquer que, d'après le projet de 1884, les obligataires n'avaient droit à ces assemblées que si les clauses de l'emprunt les y autorisaient, mais, si des sûretés spéciales étaient promises aux obligataires, les assemblées d'obligataires étaient obligatoires (art. 83). Rien de plus juste en effet, ici les assemblées ont un objet, les commissaires des fonctions précises, le conseil d'administration de la société emprunteuse ne peut pas sérieusement jouer le rôle de *surveillé* et de *surveillant* ; le principal but du projet était de faciliter la prise d'inscription des hypothèques consenties aux obligataires. Nous n'avons pas à étudier les procédés qu'il adoptait (art. 85), il voulait aussi assurer l'exécution des promesses faites, lors de l'émission, d'employer les fonds à tel usage déterminé d'où devait résulter une sûreté particulière pour les obligataires (art. 84) ; les commissaires avaient donc là un rôle à jouer, en cas d'inexécution des promesses ils pouvaient rendre les administrateurs responsables d'après les articles 36 et 104 du projet et même faire annuler l'émission. C'était là la disposition fondamentale du titre relatif aux obligations.

L'article 78, en permettant aux obligataires de se réunir, ne faisait qu'écarter l'application de l'article 291 du Code pénal sans donner à ces réunions le caractère de société, ni à plus forte raison la personnalité, cela se réduisait donc à garantir les obligataires contre des poursuites pénales possibles en droit, mais peu probables en fait, sans leur conférer aucun droit utile. Quant à l'article 79 il conférait aux obligataires une faculté précieuse : celle de pouvoir plaider par procureur, comme les actionnaires, quand ils représenteraient le vingtième au moins du capital-obligations ; c'était reconnaître qu'un obligataire isolé est impuissant en face de la société, et rendre son action possible.

Parmi toutes ces dispositions du projet, les unes nous paraissent bonnes, d'autres trop compliquées, plus capables de gêner la société emprunteuse que de protéger efficacement les prêteurs, d'autres superflues ; mais ce qui nous frappe surtout, c'est l'absence de toute disposition relative à la faillite, ce projet eût-il été voté, nos lois n'en seraient pas moins restées muettes sur la matière si importante de la faillite des sociétés, et cependant si l'intervention du législateur est motivée, c'est là. Les Sociétés prévoient dans leurs statuts beaucoup d'hypothèses et suppléent ainsi à la loi, mais l'hypothèse de leur propre faillite, elles ne peuvent pas la prévoir, c'est presqu'une délicatesse du législateur de le faire pour elles ; de plus, tous ces contrôles d'obligataires sont bien illusoires tant que la confiance règne.

« L'intervention des créanciers ne peut se produire d'une manière normale et continue, c'est un remède destiné à la guérison d'un mal actuel, si le mal n'existe pas elle n'a pas raison d'être (1) ». Au moment de la faillite et même dans les temps qui la suivent, on ne peut nier que le mal existe, l'intervention a donc sa raison d'être et cependant l'auteur, dont nous venons de citer les paroles, imitant l'exemple des législateurs de 1884, ne mentionne même pas la faillite. Il distingue les cas où le débiteur, la Société, représente le créancier, l'obligataire, son ayant cause et le cas où cet ayant cause devient un tiers par rapport à la société qui, dit-il: « ne peut le représenter dans les opérations qui ont pour conséquence sa ruine ». Quelles sont ces opérations? — La modification du capital social par suite d'une vente ou d'une fusion avec une autre société, l'émission d'obligations au-dessus du montant du capital-actions, la perte de la moitié du capital-actions. — Cette théorie ne nous paraît pas avoir de fondement juridique, le créancier ne devient un tiers, par rapport aux actes de son débiteur, que dans les cas de l'article 1167 du Code civil; or les actes ci-dessus pourront n'être pas le résultat d'une fraude, en tous cas le créancier ne peut qu'attaquer l'acte *accompli*; on voudrait ici lui permettre d'agir à titre préventif, mais comment organiser une intervention intermittente des obligataires ? Serait-elle efficace, si l'on décide comme le souhaite l'auteur, que les représentants des obligataires qui prendront

(1) Pascaud, *Revue critique*, 1892, p. 557 et aussi *Revue pratique*, 1884, p. 374.

part aux assemblées des actionnaires, devront toujours être en minorité ?

On peut, d'après nous, distinguer trois phases dans un emprunt par voie d'obligations. La première va du jour où la société se résoud à l'émission jusqu'au jour où les titres sont placés dans le public. Le contrôle est surtout nécessaire à ce moment, pour renseigner sur la situation vraie de la société, pour vérifier si tout a été véritablement souscrit, pour surveiller l'emploi des fonds, pour remplir les formalités nécessaires à la constitution et à la conservation des garanties qui ont pu être promises ; or c'est précisement à ce moment qu'on ne l'organise pas et qu'on ne peut l'organiser efficacement. Décider que la société nommera elle-même des commissaires à cet effet, c'est décider que celui qui doit être surveillé, choisira son surveillant, il est impossible de constituer un mandataire sérieux quand les mandants (les obligataires) n'existent pas encore, puisqu'il faudrait le constituer avant l'émission ; quand les obligations sont souscrites, il est déjà trop tard ; peut-être songera-t-on aux sociétés de banque qui se chargent de l'émission, mais il est à craindre qu'elles ne soient complices de la société emprunteuse (1). Les intérêts de cette dernière sont en opposition avec ceux des obligataires : les action-

(1) En tous cas il faudrait se montrer plus sévère pour elles que ne l'a été récemment la Cour de Paris. (Journal *le Droit*, 13 janvier 1894).

naires veulent avoir les fonds à bas prix, et pour cela ils cherchent à faire illusion tant sur la situation vraie de leur société que sur la valeur des garanties qu'ils offrent, les obligataires, de leur côté, cherchent une forte rémunération ou une entière sécurité. A ce moment décisif de l'émission, tout contrôle sérieux fait cependant défaut.

A quoi bon dès lors organiser minutieusement un contrôle pour le temps où il en est le moins besoin, pour la deuxième phase, celle où la société demeure *in bonis*: ce contrôle ne peut rien empêcher, il ne peut qu'entraver la marche de la société? Pourquoi sortir des principes pour conférer un droit dont la masse des obligataires n'usera certainement pas et qui sera exploité par des agents d'affaires, au grand préjudice de tout le monde? Pourquoi imposer aux obligataires, gens paisibles avant tout, des charges, des dérangements, des soucis auxquels ils ont voulu précisément se soustraire en se contentant d'un revenu moindre que celui des actionnaires, à ceux-ci incombent des devoirs qu'ils négligent trop parfois; c'est à eux de surveiller le conseil d'administration, leur intérêt sagement entendu, n'est pas, durant cette période, en opposition avec celui des obligataires, mieux ira l'affaire, plus les obligataires seront en repos pour leurs créances; plus fort est le dividende donné aux actions, plus le prix des obligations s'élève, parce que le public les sentant plus solides, est plus disposé à les acquérir. Les obligataires sont en général renseignés sur la situation de la société par le cours de ses titres à la Bourse beaucoup mieux que par des bilans indéchiffrables ; leurs droits sont ceux de tout créancier chirographaire (s'ils n'ont pas de sûreté spéciale), droit sur l'ensemble du patrimoine de leur débiteur (2092, 2093, C. civ.) garanti par les articles 1166, 1167 du Code civil. Permettre aux obligataires d'user de ces droits en les autorisant à plaider par procureur dans de certaines conditions, laisser à tous et à chacun le droit de faire déclarer la faillite, c'est les mettre dans la situation des créanciers ordinaires vis-à-vis de leur débiteur commerçant, vouloir aller plus loin, c'est bouleverser tous les principes pour s'exposer à n'obtenir que des résultats très douteux.

Mais vienne la troisième phase, celle de la faillite de la société, la situation change : l'intérêt des actionnaires est dès lors en opposition avec celui des obligataires, on ne peut donc plus espérer de leur part un contrôle, utile aux obligataires, sur les actes du conseil d'administration ; l'intérêt des actionnaires est de réduire le plus possible les droits des obligataires, ceux-ci veulent au contraire réduire les droits des actionnaires. Pour arriver à un règlement équitable, les obligataires, tout en restant des créanciers, ont besoin d'une organisation particulière, le régime traditionnel de la faillite se prête mal à l'hypothèse d'une société anonyme en face d'obligataires, la loi demande sur ce point quelques retouches, bien motivées par le caractère économique spécial et l'importance de ces sortes de faillites.

En un mot, le projet de 1884 donnait aux obligataires des droits de contrôle pour la seule phase de l'emprunt où leur intérêt n'est pas en opposition avec celui des actionnaires, il négligeait les deux phases où il y a opposition d'intérêts : celle de l'émission et surtout celle de la faillite.

CHAPITRE III

LÉGISLATIONS ÉTRANGÈRES

Laissons donc de côté les dispositions de loi relatives aux obligations, mais n'ayant pas rapport au cas de faillite. Les unes donnent des facilités pour attacher une garantie hypothécaire à des obligations (1), les autres organisent un contrôle des obligataires sur la société emprunteuse (Belgique, Portugal, Autriche, Brésil) ; d'autres la soumettent à des mesures spéciales de publicité (Italie, Espagne, Portugal) (2).

Toutes ces dispositions, avec des nuances, sont semblables à celles du projet de 1884 qu'elles ont inspirées, il est donc inutile de les détailler ici, elles appelleraient les mêmes observations que nous avons faites précédemment. Remarquons cependant que les obligations sont l'objet de mesures de défiance dans plusieurs pays : l'Italie et le Portugal ne permettent l'émission d'obligations qu'avec l'autorisation de l'assemblée générale et le Portugal défend l'émission

(1) Nous les avons mentionnées plus haut, p. 23.

(2) La plupart de ces dispositions sont rapportées dans la thèse de M. Aubry, *Des obligations émises par les sociétés, l'État, les départements* (Dijon).

d'obligations au porteur avec primes tirées au sort ; la Belgique veut que l'obligation soit avant tout un titre de rapport et que la prime ne constitue qu'un accessoire (1) ; en Allemagne les obligations *au porteur* ne peuvent être émises avec primes.

La présence de la prime constitue un grave embarras au cas de faillite : la Belgique règle la question de la production d'une manière presqu'identique au projet de loi de 1884 (2) ; quant à l'Italie, la disposition de sa loi est assez énigmatique ; Vidari l'interprète ainsi : « Pour maintenir l'égalité entre les divers créanciers sociaux, il est juste que de la valeur réelle de ces obligations, on soustraie ce qui a été payé pour cause d'amortissement ou de remboursement (3) », ceci paraît supposer des remboursements partiels.

En dehors de ces quelques dispositions, nous n'avons rien trouvé de particulier sur la situation des obligataires au cas de faillite, mais il ne s'en suit pas pour cela que leur situation soit la même qu'en France. L'hypothèse de la faillite des sociétés anonymes est d'abord prévue avec quelques détails dans plusieurs législations, de plus l'organisation de la faillite, le régime des sociétés par actions sont souvent différents des autres, il peut en résulter des avantages, comme aussi des inconvénients pour les obliga-

(1) Cf. projet de 1884, p. 76, en note.
(2) Cf. projet de 1884, p. 77, en note.
(3) Vidari, *Corso de Diritto commerciale*, t. IX, n° 5096.

taires, mais pour donner sur ce point une opinion de quelque valeur, il faudrait connaître à fond les lois relatives aux faillites et aux sociétés dans les divers pays et, ce qui est plus difficile et plus utile encore, la pratique et la jurisprudence.

Nous ne voulons tromper personne en faisant de la législation comparée sans avoir pu connaître ce que sont les lois et surtout comment elles sont appliquées, nous nous bornerons à quelques indications sur ce qui, dans l'organisation de la faillite des Sociétés anonymes, nous paraît favorable aux obligataires (1).

En Belgique les créanciers de toute société peuvent faire décréter par justice les versements stipulés aux statuts et exercer contre les actionnaires les droits de la société, quant aux versements.

Les concordats préventifs avant toute déclaration de faillite y sont possibles, les *convenio* en Espagne sont aussi des arrangements qui ont pour but de prévenir la faillite ; la justice intervient, mais on laisse plus de latitude aux créanciers pour s'accommoder avec leur débiteur ; les créanciers hypothécaires interviennent dans ces arrangements et y participent sans perdre leur hypothèque. La loi espagnole classe les créanciers par groupes et les obligataires par émission pour les effets de ces *convenio*. Il nous semble que les obligataires qui n'ont pas intérêt à une

(1) Thaller, *Les faillites en droit comparé*, t. II, p. 302.

prompte liquidation de l'actif, mais plutôt à la continuation de l'entreprise y peuvent trouver un grand avantage.

En Suisse, le juge peut différer la mise en faillite d'une société par actions sur la demande des créanciers intéressés à un autre mode de liquidation ; enfin la liquidation forcée des compagnies de chemins de fer est organisée par une loi spéciale.

En Allemagne, en Angleterre, en Italie la faillite *dissout* la société, mais on sent si bien la nécessité de continuer l'entreprise qu'on admet, en dépit de la logique, la possibilité du concordat. La pratique anglaise facilite avec beaucoup de raison, la reprise par les possesseurs d'obligations d'une entreprise tombée en faillite, au lieu de l'acculer à une liquidation, elle provoque aussi des réunions de créanciers qui émettent des vœux et sont admis à examiner les livres.

En Espagne, la faillite des chemins de fer ou des entreprises de travaux publics est organisée d'une façon spéciale à raison des intérêts d'ordres généraux qu'elle met en jeu, relevons seulement la constitution d'un conseil où figurent à côté d'un représentant du gouvernement des mandataires désignés par chaque groupe de créanciers pour continuer l'exploitation provisoirement.

En Portugal une loi toute récente vient de prendre des dispositions analogues pour les chemins de fer ; signalons les délais et les facilités données aux créanciers pour accepter le *convenio*, la difficulté de le faire tomber pour inexécution (il faut un ou des créanciers représentant le vingtième du passif); la possibilité dans ces *convenio* d'établir des rangs de préférence entre les obligataires, tant pour le paiement des intérêts que pour celui du capital; la faculté accordée aux créanciers de la compagnie de se constituer en société à la majorité, à l'effet d'administrer et d'exploiter le chemin de fer. Mais ce qui domine toutes ces dispositions, c'est le rôle prépondérant donné à l'Etat qui se fait la part du lion.

Enfin la Belgique, l'Allemagne, la Suède, l'Italie appliquent aux administrateurs de sociétés anonymes, les peines de la banqueroute, ils en sont même passibles, en Italie, pour les délits commis dans la constitution, ou le fonctionnement de l'entreprise, s'il y a faillite dans la suite.

Nous ne voulons pas insister plus longtemps sur ces législations étrangères, d'autant que nous aurions peine à y découvrir quelques dispositions ayant trait directement à notre sujet : *les obligataires en face de la faillite*. D'autre part toute prescription se rapportant à la formation des sociétés par actions, à leur fonctionnement, se rattache indirectement à notre sujet, car plus la société emprunteuse sera fortement constituée, moins sa faillite sera à redouter, mais ceci nous entraînerait trop loin.

Toutefois il y a une question qui touche de plus

près aux obligations et à laquelle on s'est attaché dans ces dernières années : convient-il d'établir un certain rapport entre le capital-actions et le capital-obligations? — C'est une question à la fois juridique et économique.

Au point de vue juridique, on peut dire que pour toute personne capable, la faculté d'emprunter est libre, mais que pour une personne morale il doit en être autrement : on prêtera à une personne physique en considération de sa bonne mine, par amitié, par confiance dans ses talents, en prévision des successions qu'elle recevra..... pour une personne morale, telle qu'une société, il en est autrement, on ne doit compter que sur ses biens, sur le capital social, il n'y a pas là de personne *dont on suive la foi* (1) ; si la loi n'impose pas de limites à la faculté d'emprunter d'un particulier, c'est qu'elle ne peut calculer tous les moyens dont usera cet homme pour arriver à rembourser l'argent prêté ; il y a là un examen personnel du débiteur à faire, et ce soin est confié au créancier. Derrière l'être moral Société, il n'y a personne dont le créancier puisse apprécier la valeur, c'est une foule mouvante et changeante d'actionnaires, des administrateurs toujours révocables, de qui suivre la foi ? il n'y a que le capital sur lequel on puisse compter.

Ces raisons ne nous paraissent pas décisives, nous

(1) Voir sur ces points un article de M. Rataud dans la *Revue critique*, 1882, p. 212.

avons déjà fait remarquer qu'à certains points de vue (1), les administrateurs incarnent, pour ainsi dire, l'être moral; il se forme souvent un groupe d'administrateurs et d'actionnaires stables dont l'honorabilité ou la valeur, souvent le nom seul, inspirent confiance ; il est juste que les sociétés qu'ils représentent, jouissent d'un crédit plus large que celles qui sont livrées à des hommes moins recommandables ; l'élément personnel joue donc un rôle même en matière de crédit de sociétés. A côté de cet élément, il faut tenir compte, en dehors du capital social proprement dit, des autres capitaux considérables souvent, provenant par exemple d'émissions antérieures d'obligations, incorporés dans le sol et remboursables à long terme ; enfin de la nature même de l'entreprise, de son avenir possible. Comme il s'agit là d'affaires considérables, ayant un caractère un peu hors cadre, on comprend qu'il y ait, de la part du créancier, une appréciation personnelle à faire dont le résultat variera, à capital social supposé égal, selon les circonstances ; nous comprendrions même très bien qu'il y ait pour telle ou telle entreprise des raisons de sympathie (2).

Au point de vue économique, la limitation du nom-

(1) Voir plus haut, p. 94.

(2) On comprend qu'on souscrive plus volontiers des obligations du chemin de fer de Jaffa à Jérusalem que celles d'un chemin de fer électoral.

bre des obligations à émettre, ne nous paraît pas une mesure favorable. Il faut laisser aux sociétés la faculté d'user de tout le crédit qu'elles peuvent avoir, afin de développer leurs entreprises, et par là d'en assurer souvent la prospérité, ce sont quelquefois les entreprises les plus solides qui ont un capital-obligations tout à fait hors de proportion avec leur capital-actions (les grandes Compagnies de chemins de fer); une loi limitative enrayerait leurs opérations, on serait contraint d'entrer aussitôt dans la voie des exceptions, en particulier pour le Crédit foncier dont les obligations, contre-partie des prêts qu'il consent, ne sauraient être limitées à son capital-actions, qui ne constitue qu'un fonds de garantie. Il y a là une question qui a quelque analogie avec celle de la liberté d'émission des billets de banque ; l'expérience a montré dans les divers pays qu'on ne pouvait pas maintenir de rapport fixe entre l'encaisse et les billets émis; limiter le montant des billets à l'encaisse, c'est couper les ailes au crédit, mais d'autre part, les abus sont à redouter : malgré la diversité des deux situations, nous pensons qu'il faut en dire autant de l'émission des obligations et que la matière est trop délicate, trop différente suivant les cas pour qu'une règle uniforme s'y puisse appliquer (1).

(1) C'est en ce sens que s'est prononcé le *Congrès international des sociétés par actions de* 1889, compte rendu sténographique, p. 175.

Seulement ce qu'il faudrait dans nos lois, c'est une disposition analogue à celle du projet de 1884 (art. 77) imposant, avant toute émission, aux administrateurs la publication dans le *Bulletin officiel* (créé à l'usage des sociétés) de la situation de la société emprunteuse, de son actif et de ses dettes ; il est vrai que ces renseignements seraient loin d'être compréhensibles pour tout le monde, mais ceux qui les voudraient sauraient au moins où les trouver et pourraient en faire profiter les autres (1) : « il ne faut pas prétendre dispenser le public de toute attention ; il suffit d'exiger la publication de tous les renseignements propres à l'éclairer (2) ».

Aussi les auteurs du projet de 1884 ne sont-ils pas entrés dans la voie de la limitation de la faculté d'émettre des obligations à la suite de certaines législations étrangères et du Conseil d'État qui, pour les chemins de fer d'intérêt local, a limité, dans les actes de concession, la faculté d'émettre des obligations.

La Belgique et l'Italie (cette dernière avec certains tempéraments possibles), limitent le montant des obligations au capital versé, le Portugal au capital-actions réalisé existant, et le Brésil au capital social. Mais toutes ces limitations sont tournées par des

(1) Il serait désirable qu'il existât en France, comme en Angleterre, une corporation de comptables d'une compétence et d'une capacité professionnelles éprouvées à laquelle les sociétés prissent l'habitude de soumettre leurs bilans.

(2) Beauregard, *Economiste français*, 14 déc. 1889.

fraudes auxquelles les entrepreneurs chargés des travaux participent, de sorte qu'il n'en résulte pour le public aucune garantie sérieuse et qu'il peut en résulter une gêne pour les sociétés plus honnêtes (1).

Une question voisine est celle de savoir s'il convient d'interdire à la société l'émission d'obligations avant que ses actions ne soient entièrement libérées. Ceci semble assez naturel, puisqu'il y a dans les appels de fonds un moyen tout indiqué de se procurer de l'argent déjà promis avant d'avoir recours à l'argent du public ; néanmoins des considérations financières peuvent amener à agir autrement, et à saisir une occasion favorable pour un emprunt. Peut-être aussi, n'est-il pas mauvais de réserver ces sommes déjà promises pour les moments critiques où un appel au crédit serait difficile ; au point de vue du droit, on peut dire que les sommes non versées garantissent les obligations comme les sommes versées, surtout depuis que la recherche des actionnaires est facilitée par la loi du 1er août 1893 (art. 2), qui défend la mise au porteur des actions avant leur entière libération.

(1) C'est ce qui a surtout lieu en Angleterre où le montant des obligations ne peut dépasser 1/3 du capital social versé et employé. — Aux États-Unis le montant des obligations est proportionné à la valeur des biens hypothéqués pour les garantir. — Aucoc, *Conférences sur le droit administratif*, V. III (2e éd.) p. 407.

CONCLUSION.

On nous demandera sans doute, puisque nous avons signalé des lacunes dans nos lois et que nous avons critiqué plusieurs des moyens proposés pour les combler, de formuler notre opinion.

Nous pensons tout d'abord qu'il conviendrait de se placer nettement dans l'hypothèse de la faillite des sociétés plutôt que de chercher à la prévenir par des entraves apportées à leur fonctionnement. Il suffirait de compléter nos lois sur la faillite par quelques articles spéciaux visant directement la faillite des sociétés anonymes, et la situation de leurs obligataires à ce moment.

Sans prétendre aucunement proposer un projet de loi, voici les vœux que nous émettrions :

1° Faciliter par tous les moyens possibles le groupement des obligataires (se servir des premières assemblées de la faillite pour les convoquer et les réunir, leur permettre de tenir leurs séances particulières dans les salles du tribunal), reconnaître ce groupement comme une véritable société et lui conférer la personnalité, prendre quelques précautions pour que dans les assemblées, les porteurs d'un petit nombre d'obligations ne soient pas écrasés par ceux qui en ont un plus grand nombre (1) ; décider que l'assemblée ainsi composée nommera un conseil d'administration analogue à celui de la société faillie, toujours révocable, choisi parmi les obligataires ; ce conseil assisté, s'il est nécessaire, d'hommes ayant des connaissances techniques spéciales, pris en dehors des obligataires, s'éclairera sur tous les détails de la situation, discutera en connaissance de cause et à armes égales le concordat avec le conseil d'administration de la société faillie, tiendra l'assemblée des obligataires au courant de ses opérations, s'inspirera de ses vues, et lui soumettra le projet de concordat auquel il croit qu'on doit s'arrêter ; chaque obligataire, bien qu'associé, conservera ses droits individuels, notamment pour le vote du concordat. L'assemblée des obligataires pourra ainsi charger son conseil d'exercer les droits et actions qui appartiennent à chacun des obligataires, celui-ci, en agissant, représentera tous les obligataires, puisque la personnalité est reconnue à la société des obligataires. Cette société continuera d'exister après le vote du concordat, elle veillera à son exécution, par l'intermédiaire de son conseil d'administration ; si des droits de contrôle spéciaux ont été accordés aux obligataires, le conseil les exercera ; il rendra compte chaque année de sa mission à l'assemblée des obligataires (2). Leur so-

(1) Cf. art. 86 du projet de 1884.

(2) Il faudrait faciliter aux obligataires l'accès de cette assem-

ciété durera jusqu'à la fin de l'amortissement des obligations ou jusqu'au terme fixé pour les droits de contrôle, s'il a été décidé que ces droits ne seraient que temporaires et cesseraient, par exemple, quand le fonds de réserve aurait atteint une somme de tant.

2° Avec la loi actuelle deux solutions sont possibles à la faillite d'une société anonyme : le concordat ou l'union. Nous avons cherché à montrer que, dans beaucoup de cas, l'union était un parti aussi funeste pour les obligataires que pour les actionnaires, obligataires et actionnaires le répètent à l'envi dans toutes les assemblées de faillite; malheur à l'obligataire imprudent qui, ne fût-ce que par politique, ose menacer de l'union. Il résulte de là que le concordat reste la *seule* solution possible, les administrateurs de la société faillie en demeurent les maîtres, la crainte de l'union n'exerce plus sur eux une salutaire pression, le syndic représente à la fois créanciers et débiteurs et ménage les uns et les autres, bien faible est l'action d'assemblées nombreuses d'obligataires s'ils ne sont pas groupés, le concordat est laissé à la *bonne foi* des administrateurs de la société faillie.

Il nous semble qu'entre le concordat et l'union, la loi pourrait introduire une troisième solution particulière aux sociétés anonymes, tenant à la fois de l'une

blée, et ne pas les évincer dans toutes leurs questions ou observations sous prétexte qu'elles ne sont pas à l'ordre du jour, en faisant attendre la réponse un an !

et de l'autre et de nature à concilier les intérêts des obligataires et des actionnaires. Cette solution a été souvent désirée en pratique, elle a même été tentée(1), mais elle est manifestement irréalisable dans l'état actuel de notre législation. Elle consisterait à permettre aux obligataires de se transformer en actionnaires et à imposer aux anciens actionnaires de recevoir les obligataires comme co-associés : il y aurait augmentation du capital social, le capital-obligations devenant capital-actions. Du côté des obligataires, la combinaison ressemblerait à un concordat puisqu'elle serait votée aux mêmes majorités qu'un concordat (ou à des majorités un peu plus fortes), par rapport aux actionnaires elle tiendrait de l'union puisqu'elle leur serait imposée. Nous ne nous dissimulons pas les objections qu'on peut soulever contre ce système, mais nous les croyons plus graves en apparence qu'en réalité. On dit : le concordat est un traité, il ne se comprend qu'avec le consentement des deux parties, or, ici, le traité est imposé à l'une des parties par l'autre, l'union, elle, peut être imposée parce qu'elle n'atteint que les biens qui sont le gage des dettes, elle ne touche pas à la situation des personnes, ici les actionnaires vont voir les statuts modifiés, le capital social augmenté, de nouveaux associés introduits sans leur consentement, les créanciers d'un commerçant failli ne pour-

(1) S. 1871, 2, 233 ou D. 1870, 2, 7.

raient lui imposer de les recevoir comme associés et de continuer son commerce. Cette dernière objection est très juste, aussi ne songerions-nous pas à appliquer cette solution à la faillite d'un commerçant, nous la proposons comme *particulière* aux sociétés anonymes et pour elles seulement nous la trouvons justifiée.

Il est clair que personne ne peut forcer un commerçant à continuer, malgré lui, son commerce, ni s'installer chez lui pour le continuer à sa place ; *nemo cogi potest ad factum*, s'il ne veut pas continuer l'exploitation, il faut vendre, l'union est la seule issue. En face d'une société anonyme, la situation n'est pas la même : on est en présence de gens qui ne font pas le commerce, ils ont fourni de l'argent, voilà tout, en continuant l'exploitation, on ne les force à rien, si l'on se mettait en état d'union, ils n'auraient plus jamais droit à rien ; en adoptant les combinaisons que nous proposons ils conservent l'espoir de toucher des dividendes et d'avoir peut-être un jour une part dans le partage final. Sans doute ces dividendes, cette part seront bien diminués par l'adjonction de nouveaux actionnaires (les obligataires), mais c'est encore une faveur pour les actionnaires, les obligataires, pouvaient leur enlever tout espoir en votant l'union. Ce qui est imposé se réduit donc à bien peu et constitue plutôt une faveur. Mais, dira-t-on, pourquoi les obligataires ne formeraient-ils pas une société pour acheter l'entreprise et ne se constitueraient-ils pas à l'état d'union ?

La combinaison a été essayée, mais elle offre de graves inconvénients : il faut d'abord obtenir le consentement des obligataires qui veulent bien former la société, puis voter l'union, il y a là une pièce en deux actes de nature à entraîner des retards et des complications, de plus l'achat de l'entreprise par cette nouvelle société entraînera des droits de mutation énormes (5,50 0/0 pour les immeubles, 2 0/0 pour les meubles) à cause de l'importance considérable des propriétés mobilières et immobilières possédées d'ordinaire par les sociétés, tandis que l'apport par les obligataires de leur créance, comme apport social, ne donne lieu qu'à un droit minime (0,20 c. par 100 fr.) ; enfin il peut y avoir avantage à ce que la société ne change pas complètement de mains et ne fasse que se transformer, le concours de quelques-uns des anciens actionnaires pouvant être encore précieux.

Cette combinaison, sans violer des principes essentiels, nous paraît de nature à concilier tous les intérêts : — les intérêts de l'être moral Société pour lequel elle équivaut à un concordat avec remise de tout le passif, les obligataires qui d'ordinaire forment à peu près à eux seuls la masse des créanciers, devenant actionnaires et n'ayant plus droit qu'à un dividende sur les bénéfices, s'il y en a, sans avoir jamais le droit de faire déclarer la faillite à l'avenir ; — les intérêts des obligataires puisqu'ils renoncent volontairement à un minime dividende de faillite pour courir les chances de toucher des dividendes d'actionnaires qui dépasseront peut-être un jour beaucoup les intérêts auxquels leurs obligations leur eussent donné droit en l'absence même de toute faillite. Nous avons essayé d'établir dans toute cette étude que cette association de l'obligataire à l'entreprise, après la faillite, était légitime et répondait bien au caractère d'avenir de la plupart des entreprises exploitées par les sociétés anonymes (chemins de fer, canaux) ; — les intérêts des actionnaires eux-mêmes puisqu'ils restent libres de proposer un concordat acceptable, si l'affaire leur paraît encore bonne et que, dans le cas contraire, on leur fait encore une faveur en les admettant au partage des bénéfices, puisqu'on aurait le droit de les priver à tout jamais de toute part dans l'entreprise en décidant l'union (1).

3° Ce ne sont pas les actionnaires en effet qu'il faut frapper avec rigueur, ils font souvent partie du même monde que les obligataires et sont victimes comme eux ; sans doute ils ont une certaine part de responsa-

(1) Dans ce cas nous pensons qu'il faudrait faciliter la constitution d'une société des obligataires pour continuer l'exploitation, la faculté laissée par les art. 532, 533 C. com. étant manifestement insuffisante comme nous l'avons dit plus haut, p. 85.

bilité dans la mauvaise conduite de l'affaire qui n'incombe pas aux obligataires, mais sont-ils vraiment en mesure d'exercer un contrôle sérieux sur leurs administrateurs ? Ceux qui n'ont pas le nombre souvent élevé d'actions exigé par les statuts ne peuvent même pas entrer à l'assemblée (1). Il ne faut donc pas, comme on le fait trop souvent, se représenter les actionnaires et les obligataires en deux camps, les uns comme des spoliateurs, les autres comme des spoliés. Les vrais coupables sont les administrateurs, mais ici encore, il ne faut pas que la loi frappe au hasard, « il faut être sévère à l'égard de la fraude, indulgent pour les hommes de bonne foi (2) », comme on l'a fait justement remarquer, si l'on va trop loin, on éloignera les gens honnêtes de l'administration des sociétés, ce qui servira bien mal l'intérêt de ceux qu'on entendait protéger, nos lois et nos projets de loi ont souvent péché par cet excès.

Si l'on se montre indulgent pour des oublis, des négligences involontaires, il faut par contre se montrer sévère pour les fautes réfléchies et les fautes méditées, or c'est précisément dans ces cas que les administrateurs jouissent d'une impunité qui n'est pas accordée à de simples commerçants. Cette bizarrerie

(1) La loi de 1863 (art. 4) leur donne le droit de se réunir pour former le nombre d'actions nécessaire et de se faire représenter à l'assemblée par l'un d'eux.

(2) Exposé des motifs du projet de loi de 1884.

est le résultat logique d'une fiction, il serait temps de la faire cesser. Il y a plus que de la subtilité à dire que l'être moral étant seul commerçant et seul en faillite, les administrateurs ne sont pas passibles des incapacités attachées à la faillite ou des peines de la banqueroute. Est-ce donc l'être moral qui a commis les faits coupables et dommageables? au nom de la logique, on rejette tout sur lui et les administrateurs apparaissent innocents de tout ce qu'ils ont fait. Nous l'avons déjà dit plusieurs fois : la fiction de la personnalité s'applique en certains cas, elle doit être écartée dans d'autres (1). Il n'y a là rien d'illogique, une fiction n'est pas un principe, si la loi ne l'a pas écartée elle-même en matière de faillite, c'est, nous l'avons répété mille fois, qu'elle ne songeait pas aux sociétés anonymes. Rien ne serait donc plus naturel que cette réforme dont plusieurs législations (2) nous ont donné l'exemple : la loi belge fait même un délit de banqueroute simple pour les administrateurs du défaut de donner à la masse les renseignements utiles, les affaires sociales sont souvent d'une telle complication que cette disposition se comprend très bien. Mais il faudrait, nous semble-t-il, aller plus loin et frapper les administrateurs des incapacités politiques de la faillite quand ils l'auraient encourue, ces inca-

(1) Voir plus haut, p. 94.
(2) Voir plus haut, p. 121.

pacités seraient peut-être plus vivement ressenties par eux que par de simples commerçants, et l'on ne pourrait dire qu'il y ait là une sévérité de nature à rebuter les honnêtes gens. Un administrateur pourra toujours déposer le bilan de la société en temps utile afin d'obtenir le bénéfice de la liquidation judiciaire, et les créanciers ont à cela un grand intérêt. Les administrateurs étant toujours à l'abri, d'après la législation actuelle, ne se montrent pas très soucieux de conserver à l'*être moral* l'exercice de ses droits politiques, faillite ou liquidation judiciaire deviennent à peu près synonymes pour eux, aussi emploient-ils tous les moyens pour soutenir la société ébranlée : traités avec d'autres sociétés, transformations, modifications des statuts, fusion, création de sociétés pour servir de contrefort, rien n'est épargné et quand l'effondrement final se produit, il en résulte un enchevêtrement effroyable, une complication inextricable, une impossibilité absolue pour les créanciers d'apprécier la situation vraie de la société, et pour les administrateurs, qui *seuls* connaissent tous les fils de cette intrigue, le moyen d'en retirer encore quelque profit en trompant les autres.

Par contre nous ne frapperions pas d'inéligibilité (art. 21 de la loi de 1889) les administrateurs qui, en se conformant aux prescriptions de la loi, ont obtenu le bénéfice de la liquidation judiciaire, peut-être ne peut-on même leur reprocher aucun fait coupable si l'affaire a mal tourné ; il y a une responsabilité plus ou moins vague dont il est difficile souvent de dire à qui elle incombe : il est possible que fondateurs, anciens administrateurs, actionnaires même en aient une part ; ce qui importe avant tout, c'est de ne pas effrayer les honnêtes gens prêts à accepter la tâche ingrate de diriger la société dans les moments critiques.

Il nous paraîtrait donc juste de frapper des incapacités de la faillite (1) ou des peines de la banqueroute, selon les cas, les administrateurs coupables des faits qui justifient ces rigueurs ; on ne frapperait pas tout

(1) L'objection, c'est que les administrateurs ne pourront probablement jamais obtenir de réhabilitation ; acquitter intégralement les dettes d'une société anonyme, dépasse les forces d'hommes isolés. Nous ferons observer qu'il y aurait à cela un palliatif : nous pensons, en effet, contrairement à la jurisprudence, que le bénéfice de la liquidation judiciaire peut encore être accordé, même passés les quinze jours de la cessation des paiements, s'il n'y a pas de faute grave à reprocher au débiteur (argument de l'art. 19 de la loi de 1889 qui permet au tribunal de maintenir le bénéfice de la liquidation judiciaire même quand il a été reconnu que la cessation des paiements était de plus de quinze jours antérieure au dépôt du bilan ; dès lors pourquoi priver de ce bénéfice le commerçant de bonne foi qui avoue ne pas présenter sa requête dans les quinze jours ?) c'est au tribunal à apprécier, il devra le faire avec plus de soin quand ce seront des administrateurs ; enfin ne peut-on pas dire aussi que les administrateurs ne sentent pas le poids de leur responsabilité individuelle autant que des commerçants ordinaires parce que cette responsabilité incombe à tout le conseil, parce que toute leur fortune n'est pas en jeu, et cependant pouvant commettre des actes qui entraînent des ruines bien autrement graves, il est bon de leur rappeler la charge qu'ils ont assumée en se montrant plus sévères à leur égard.

le conseil d'administration en bloc, mais seulement les coupables, ce ne serait pas non plus nécessairement les administrateurs en fonctions au jour de la faillite qui seraient frappés, mais leurs prédécesseurs, si ce sont eux qui ont commis la faute (1).

Dans l'état actuel de notre législation, l'article 593 du Code de commerce permet de punir des peines de la banqueroute frauduleuse des individus *autres* que les commerçants faillis, quand ils sont convaincus de faits qui entraînent la banqueroute frauduleuse pour le failli, ce texte atteint dès lors les administrateurs de la société, c'est dans l'intérêt de l'être moral, seul failli, (et aussi un peu dans le leur) qu'ils auront recélé ou dissimulé une partie de l'actif. Mais, pour les peines de la banqueroute simple, pour les incapacités

(1) Il y aurait lieu aussi de ne pas renvoyer purement et simplement aux articles du Code de commerce sur la banqueroute, certaines dispositions, notamment celle du 3° de l'art. 586 ne se comprendraient pas pour des administrateurs de société anonyme, si l'administrateur devait publier un contrat de mariage, ce ne serait pas le sien, mais celui de l'*être moral* société, seul commerçant, seul tenu sur tous ses biens. On ne saurait trop se pénétrer de l'idée que les administrateurs se distinguent de la société, mais ne font qu'un avec elle dans les cas où ils agissent pour elle ou plutôt c'est elle-même qui agit par eux, ainsi, d'après nous, le 1° de l'article 585 ne s'appliquerait pas à l'administrateur qui ferait pour lui et sa famille des dépenses excessives, il s'appliquerait à celui qui dépenserait des sommes hors de proportion avec les besoins et les revenus sociaux, pour installer par exemple les bureaux de la société, en un mot pour loger l'*être moral* (Comparer sur ces points l'article 102 du projet de 1884) amendé par le Sénat.

de la faillite il n'y a aucun texte analogue qui permette d'atteindre les administrateurs. Il faut remarquer qu'au cas où les administrateurs seraient condamnés pour banqueroute frauduleuse, un concordat serait encore possible, ce qui peut être très avantageux pour les créanciers ; l'article 510 du Code de commerce n'y mettrait pas obstacle, en effet c'est le cas ici d'user de la fiction dont on abusait tout à l'heure : le failli auquel on vote un concordat c'est l'être moral Société, or, lui, n'est pas banqueroutier frauduleux, le concordat est donc possible, mais on ferait bien de décider que les administrateurs condamnés ne pourront plus le représenter, c'est-à-dire ne pourront plus être administrateurs.

Nous ne donnons pas ces moyens comme devant couper court à tout mal : en matière de faillite, et surtout de faillite de grandes sociétés, cela est impossible, nous les indiquons comme des remèdes. Nous sommes frappés d'une part de toutes les lois imaginées, de tous les efforts tentés pour réglementer la formation et le fonctionnement des sociétés anonymes, d'autre part, de tous les textes édictés pour régler la faillite d'un commerçant et à côté de cela du silence complet de nos lois sur la faillite des sociétés anonymes. Peut-être le législateur ferait-il bien d'intervenir un peu moins ailleurs et de consacrer quelques articles à une aussi grave matière ! Plus que toutes les nullités ou les amendes, la perspective d'une faillite sérieusement organisée inspirerait aux administrateurs une salutaire prudence et les moyens pris pour réprimer le mal seraient les plus efficaces à le prévenir. On laisserait ainsi plus de liberté tant que l'entreprise prospère et moins de licence quand elle s'effondre.

Pour les sociétés anonymes, au lieu d'une faillite *sur les brouillards de la Seine* dont on a pu contester jusqu'à la possibilité, ne faudrait-il pas établir des règles précises et sévères ? Le pauvre commerçant qui fait faillite a le plus souvent perdu toutes ses épargnes avant de faire tort à ses créanciers, on le traite avec rigueur, tandis qu'on voit des administrateurs des sociétés souscrire (ou faire semblant) quelques actions, appeler à eux les capitaux de tous les crédules, les engloutir et, grâce aux lacunes de la loi, aux hésitations ou aux subtilités de la jurisprudence, se faire encore un sort et, en tous cas, se retirer indemnes de toute flétrissure légale, quelle qu'ait été leur conduite. Les punir des mêmes incapacités et des mêmes peines que le simple commerçant, est-ce trop demander ?

N'est-il pas juste aussi de permettre pour la faillite d'entreprises qui ont un caractère particulier une solution appropriée, reposant sur cette idée qu'il y a là des capitaux considérables incorporés, qu'il est impossible de rendre actuellement à ceux qui les ont prêtés, mais dont l'avenir permettra souvent de retrouver la valeur et au delà ?

Enfin ne peut-on pas souhaiter que la faculté de s'associer et la reconnaissance de la personnalité ou tout au moins du droit de se faire représenter en justice, soient plus largement départis, surtout quand il s'agit de gens ayant des intérêts communs et étant appelés à les défendre comme le sont les obligataires au cas de faillite de la société débitrice ?

TABLE DES MATIÈRES

POSITIONS

DROIT ROMAIN

Positions prises dans la thèse.

I. — L'esclave préposé a presque toujours un pécule.

II. — Le *servus actor* est une sorte de banquier privé.

III. — Les *operæ* ne peuvent pas consister *directement* en dations de sommes d'argent.

IV. — L'action *societatis* accordée au patron contre son affranchi par le préteur Rutilius, tout en ayant eu peut-être un certain caractère pénal, reposait sur des considérations économiques.

Positions prises hors de la thèse.

I. — Dans les contrats formels, d'après le droit civil, il n'y a pas à rechercher la cause impulsive qui a fait agir l'aliénateur ou l'obligé.

II. — Le créancier qui a reçu une chose en dation en paiement a, en cas d'éviction, le choix entre les actions nées de son ancien contrat et celles nées de la vente.

III. — Le concours d'actions pénales est possible, si elles ne visent pas le fait coupable sous le même aspect.

IV. — La vente se faisait à l'origine par deux stipulations.

DROIT FRANÇAIS

Positions prises dans la thèse.

I. — Le syndicat formé entre les obligataires d'une société en faillite est une société civile.

II. — En droit strict, le porteur d'une obligation remboursable avec prime peut produire à la faillite de la société pour le montant nominal de son titre.

III. — La faillite de la société ne révoque pas de plein droit les pouvoirs des administrateurs.

IV. — On peut, sous certaines conditions, subordonner, dans un concordat, le paiement des dividendes à l'existence de bénéfices dans l'avenir.

DROIT CIVIL

I. — Quand on donne en gage des créances, il faut en remettre les titres.

II. — Un créancier peut, sans avoir à prouver la fraude, attaquer l'acte par lequel son débiteur renonce à invoquer la prescription.

III. — Lorsque la loi se fonde sur une présomption dont elle fait elle-même l'application, la preuve contraire n'est pas possible.

IV. — Les donations déguisées *dans* un contrat sont valables, même si les règles de forme des donations n'ont pas été observées.

DROIT COMMERCIAL

I. — Le mari, commun en biens, est obligé civilement par les délits ou quasi-délits commis par sa femme dans l'exercice de son commerce.

II. — Les paiements obtenus par autorité de justice, alors qu'aucune cause antérieure de nullité n'existait, ne peuvent pas être attaqués en vertu de l'article 447 du Code de commerce, sauf le cas de collusion frauduleuse.

III. — Les créanciers hypothécaires ou nantis d'un gage peuvent invoquer la déchéance du terme, quand leur débiteur est en faillite, et provoquer la vente des biens affectés au paiement de leur créance.

IV. — La femme non marchande publique, qui a garanti par son aval la signature de son mari tenu commercialement, est obligée commercialement, mais la contrainte par corps ne pouvait pas être exercée contre elle.

Vu :

Le Président de la thèse,
A. BOISTEL.

Vu :

Le Doyen,
COLMET DE SANTERRE.

Vu et permis d'imprimer :

Le Vice-Recteur de l'Académie de Paris,
GRÉARD.

Imp. G. Saint-Aubin et Thevenot, Saint-Dizier. 15-17, passage Verdeau, Paris.

Imp. G. Saint-Aubin et Thevenot, Saint-Dizier, (Haute-Marne), 15-17, Passage Verdeau, Paris

www.ingramcontent.com/pod-product-compliance
Ingram Content Group UK Ltd.
Pitfield, Milton Keynes, MK11 3LW, UK
UKHW020131220726
13923UKWH00001B/113

9 782019 276591